当代课程与教学论的建构及变革

陆雪莲 著

中国水利水电出版社
www.waterpub.com.cn
·北京·

内 容 提 要

课程与教学论是在充分考虑课程论与教学论各自优势的基础上构建的一个科学、合理的教育分支学科。

本书主要分析了课程与教学的目标构建、内容构建、开发设计构建、组织构建、实施模式构建、评价体系构建以及管理体系构建等。

全书注重理论与实践相结合，融学术性、实用性、前沿性和针对性于一体，是一本有益于完善当代课程与教学理论体系的著作。

图书在版编目(CIP)数据

当代课程与教学论的建构及变革/陆雪莲著. —北京：中国水利水电出版社，2019.1（2025.4 重印）

ISBN 978-7-5170-7402-1

Ⅰ. ①当… Ⅱ. ①陆… Ⅲ. ①课程—教学研究 Ⅳ. ①G423

中国版本图书馆 CIP 数据核字(2019)第 025376 号

书　　名	当代课程与教学论的建构及变革 DANGDAI KECHENG YU JIAOXUELUN DE JIANGOU JI BIANGE
作　　者	陆雪莲　著
出版发行	中国水利水电出版社 （北京市海淀区玉渊潭南路 1 号 D 座 100038） 网址：www. waterpub. com. cn E-mail：sales@waterpub. com. cn 电话：(010)68367658(营销中心)
经　　售	北京科水图书销售中心(零售) 电话：(010)88383994、63202643、68545874 全国各地新华书店和相关出版物销售网点
排　　版	北京亚吉飞数码科技有限公司
印　　刷	三河市华晨印务有限公司
规　　格	170mm×240mm　16 开本　12.75 印张　228 千字
版　　次	2019 年 4 月第 1 版　2025 年4月第 3次印刷
印　　数	0001—2000 册
定　　价	60.00 元

前 言

课程与教学论是在充分考虑课程论与教学论各自优势的基础上构建的一个科学、合理的教育分支学科。对这一学科进行科学构建，并依据社会发展实际进行有效变革，不仅能促进课程与教学的顺利开展，而且能推动我国教育改革的进一步深入，意义非凡。

当前，伴随着教育改革的不断深入，我国的课程改革也在如火如荼地进行着。课程与教学论在教育理论中起着承上启下的作用，既涵盖了教育的基本原理，也启示着课堂教学的方方面面。因此，课程与教学改革要想获得更多的理论指导，就要对课程与教学论的基本理论进行更为深入的研究，探求更深层次的研究成果。基于此，作者撰写了《当代课程与教学论的建构及变革》一书。

本书分为三个部分，第一部分为课程与教学论的基本认知，主要对课程与教学的内涵进行界定，并探讨了课程与教学论的发展轨迹与趋势；第二部分为课程与教学论的构建，主要分析了课程与教学的目标构建、内容构建、开发设计构建、组织构建、实施模式构建、评价体系构建以及管理体系构建；第三部分为课程与教学论的变革，具体分析了课程与教学变革的内涵，探索了课程与教学变革的历史与出路。在撰写的过程中，本书十分注重吸纳当前课程与教学研究的最新成果，同时，注重理论联系实践，具有较强的学术性、实用性、前沿性和针对性。本书的内容全面系统，结构清晰，逻辑严谨，语言简练。相信本书的出版能够有效促进当代课程与教学论的进一步完善，继而推动我国教育理论的不断丰富。

本书在撰写过程中，参考了课程与教学方面的相关著作，也对国内外大量的研究成果进行了参阅、吸收和采纳，由此获得了丰富的研究资源。在此向这些学者致以诚挚的谢意。由于时间、水平与精力有限，本书难免存在一些不足之处，恳请广大读者批评指正。

作　者

2018 年 7 月

目　　录

前言

第一篇　课程与教学论的基本认知

第一章　课程与教学的内涵界定 …… 1

第一节　课程与教学的内涵 …… 1
第二节　课程与教学的关系 …… 4
第三节　教育中课程与教学的地位和作用 …… 11

第二章　课程与教学论的发展轨迹与趋势探究 …… 15

第一节　课程与教学论的发展历史与学科现状 …… 15
第二节　课程与教学论的基本任务与理论基础 …… 18
第三节　课程与教学论的发展趋势 …… 30

第二篇　课程与教学论的构建

第三章　课程与教学的目标构建 …… 32

第一节　课程与教学目标的内涵分析 …… 32
第二节　课程与教学目标的确定 …… 40
第三节　学期与单元教学目标的设计 …… 44

第四章　课程与教学的内容构建 …… 50

第一节　课程资源及其开发利用 …… 50
第二节　课程内容的取向与构成 …… 55
第三节　教学内容的构成与本质 …… 57
第四节　课程内容的选择与组织 …… 59

第五章　课程与教学的开发设计构建 …… 67

第一节　课程开发的模式 …… 67
第二节　校本课程开发 …… 70
第三节　教学设计的内涵分析 …… 75
第四节　教学设计的体系构成 …… 85

第六章 课程与教学的组织构建 …… 87
第一节 课程组织的基本标准与取向 …… 87
第二节 课程的类型及其组织结构 …… 89
第三节 教学过程的内涵与设计 …… 94
第四节 教学的组织形式 …… 105
第五节 教学方法的类型与选择 …… 108
第七章 课程与教学的实施模式构建 …… 112
第一节 课程实施的内涵与影响因素 …… 112
第二节 课程实施的基本取向与基本模式 …… 117
第三节 课程实施的策略与方式 …… 123
第四节 教学模式的内涵及选择与利用 …… 126
第五节 教学的策略与艺术探究 …… 130
第八章 课程与教学的评价体系构建 …… 137
第一节 课程与教学评价的内涵 …… 137
第二节 课程与教学评价的类型与功能 …… 140
第三节 课程与教学评价的模式与方法 …… 146
第九章 课程与教学的管理体系构建 …… 151
第一节 课程与教学管理的内涵 …… 151
第二节 课程管理的内容与意义 …… 156
第三节 课程管理的层次与模式 …… 159
第四节 课堂教学的管理探究 …… 162
第三篇 课程与教学论的变革
第十章 课程与教学变革的内涵分析 …… 169
第一节 课程与教学变革的内涵 …… 169
第二节 课程与教学变革的比较 …… 176
第十一章 课程与教学变革的历史与出路探究 …… 180
第一节 课程与教学变革的历史与现状 …… 180
第二节 课程与教学变革的方法与出路 …… 186
第三节 课程与教学论的本土化变革 …… 190
参考文献 …… 194

第一篇　课程与教学论的基本认知

第一章　课程与教学的内涵界定

课程与教学是课程与教学论学科中两个最基本的概念。课程教学通过课堂教学来实现，课堂教学是学校教学工作的基本形式，是学生获取知识的主要渠道。课程与教学的关系问题是困扰现代教育理论与实践的重大问题。对课程与教学论的本体问题进行研究有利于推动现代教育的长足发展。以下就课程与教学的内涵、关系、地位和作用这几个基本问题进行阐述。

第一节　课程与教学的内涵

一、课程的概念

“课程”在中国的古典文献中最早是分开来使用的，“课”有考核、督促之意；“程”既可以表示程式、章程、标准之意，也有里程、路程、过程的意思，常被认为是督促、考核、检测某种事物运行过程及结果的标准。

“课程”合起来用最早出现于唐朝。唐朝孔颖达在《五经正义》里为《诗经·小雅·巧言》中“奕奕寝庙，君子作之”一句注疏：“维护课程，必君子监之，乃依法制。”据考，这是“课程”一词在汉语文献中的最早显露。《诗经》里的“奕奕寝庙，君子作之”，直解为“好大的殿堂，由君子主持建成”。孔颖达用“课程”一词指“寝庙”及其喻义“伟业”，既指“伟业”，其所包含的意思必然十分宽泛，远远超出学校教育的范围。宋朝朱熹在《朱子全书·论学》中频频提及“课程”，如“宽着期限，紧着课程”“小立课程，大作功夫”等。朱熹的“课程”主要指“功课及其进程”，这与今天日常语言中“课程”的意义已极为相近。《中国大百科全书·教育》中的“课程”是这样定义的：课程是指所有学科(教学科目)的总和,或学生在教师指导下各种活动的总和,这通常被称为广义的课程;狭义的课程则是指一门学科或一类活动。

英国著名哲学家、教育家斯宾塞在1859年发表的一篇著名文章《什么知识最有价值》中最早提出“curriculum”(课程)一词,意指“教学内容的系统组织”。该词源于拉丁语“currere”,“currere”是一动词,意为“跑”;“curriculum”则是名词,原意为“跑道”(race-course)。根据这个词源,西方最常见的课程定义是“学习的进程”(course of study),简称“学程”。由于斯宾塞使用的“curriculum”一词原意是静态的跑道,故教育中过多地强调了课程作为静态的、外在于学习者的“组织起来的教育内容”的层面,相对忽略了学习者与教育者动态的经验和体验的层面。与名词的“课程”“curriculum”相比,“currere”是“过程课程”。

综上所述,中西方关于“课程”的含义比较接近。“课程”含有教学的范围、科目及教学活动的实施顺序、进程安排的意思,亦有教学的计划、目标、标准的意思。本书赞同《中国大百科全书·教育》的观点,对课程作广义和狭义两个方面的理解,两种含义通常都在使用。广义的课程能更好地反映学校课程的本质。

二、教学的概念

教学,在其原始语义上是个复合连词,分别指教师的“施”和学生的“效”这两种不同的教育活动及行为。“教”“学”二字连用,在中国首见于《尚书·说命》:“教学半。”现代意义上的“教学”始见于宋代。宋代大文学家欧阳修在撰写宋初教育家胡瑗的墓志铭时说:“先生之徒最盛,其在湖州学,弟子来去常数百人,各以其经传相传授,其教学之法最备,行之数年,东南之士,莫不以仁义礼乐为学。”这里的“教学”才具有了现代通常意义上教学的含义,指由教师的教授和学生的学习有机结合而构成的统一的实践活动过程。

在西方,“教学”是由不同的英文词表征的。“教”是由两个意义相近的英文词“teaching”和“instruction”表示的,“学”的英文为“learning”。尽管“teaching”(或“instruction”)与“learning”在形式上并未像汉语一样连接得那样紧密,成为一个词,但由于二者在意义上密不可分,所以,在英文教育文献中经常见到二者的合成形式“teaching-learning”。西方教学论者史密斯对“教学”给出了五种定义:第一,教学即传授知识技能。第二,教学即成功。第三,教学即有意识的活动。第四,教学即规范性行为。第五,教学的科学定义:教学即有成效。

教学无论有几种定义,以下几点是共同的:第一,教学是一种人类社会特有的现象；第二，教与学是相互依赖的；第三，教与学是统一的；第四，教学是师生间交互活动的过程。可见，中西方关于教学内涵的认识具有很大的相似性和相通性。

从教育活动过程看，教育活动的本质就是培养人的活动。教学，作为教育活动最基本、最重要的组成部分，也是培养人的活动。因此，概括地说，教学是指以教学内容为中介、以促进学生身心发展为直接目的的，由教师的教和学生的学有机结合的双边整体活动过程。概括地说，教学是教师与学生以课堂为主渠道的交往过程。通过这个交往过程和活动，学生掌握一定的知识技能，形成一定的能力态度，人格获得一定的发展。教学是教与学的统一；教学既是科学，又是艺术。

三、课程与教学的内涵要素分析

课程与教学在教育活动过程中是一个不可分离的整体。因此，我们应当从整体上去把握“课程与教学”的内涵。

让我们对学校课程与教学活动的要素及其运行状况进行简要分析。从图 1-1 可知，学校教学系统的要素有主体要素、客体要素、向量要素、中介要素和环境要素。主体要素包括教师和学生；客体要素指师生共同作用的对象——课程内容；向量要素指师生共同活动所指向的课程教学目的；中介要素指师生用以作用于课程及相互作用的方法手段；环境要素指师生共同活动所发生的物理—心理因素，包括时间、空间、物间和心间。教师、学生和课程是三个不可或缺的基本要素。学校教学活动的展开还须遵循一定的原则和规律，因此，原则和规律也是教学活动的构成因素。有的学者从软、硬两方面来分析教学要素，把教师、学生、课程、环境称为教学活动的硬要素，把目的、过程、原则、规律等称为教学活动的软要素，把方法手段称为教学活动的依从性要素。正是上述教学要素及其相互关系的矛盾运动变化，构成了一幅幅生动活泼、丰富多彩的教学画卷。正确认识和分析这些要素及其相互关系，有助于我们对课程与教学活动的本质、规律的揭示和把握。正确处理这些关系，是搞好教学工作、提高教学质量的前提。

根据要素分析并结合前面分别对课程与教学的理解，课程与教学就是师生围绕学校教育目的，采用一定方法手段作用于课程的整体活动过程。准确把握课程与教学的本质内涵，对于正确理解课程与教学的地位、价值以及课程与教学的主体，对于树立正确的课程与教学观和有效开展素质教育中的课程与教学活动，具有重要的理论与实践意义。

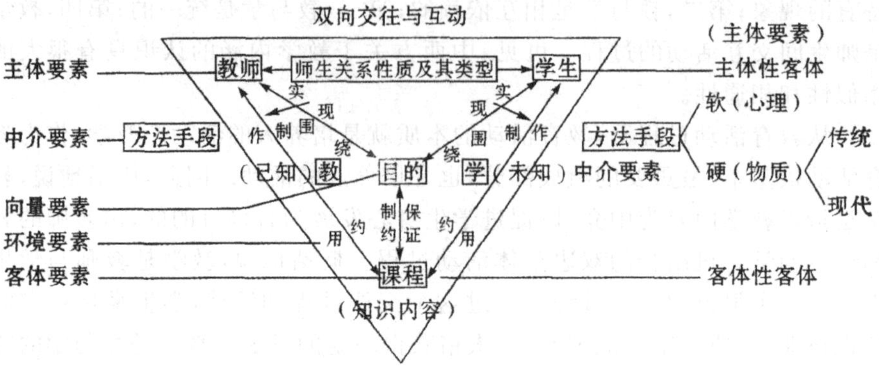

图 1-1　学校课程与教学活动运行整体结构剖面图①

第二节　课程与教学的关系

一、课程与教学关系的历史发展

从教育活动的历史发展来看，教学和课程是同时出现的。从一开始，教学就离不开课程而单独存在，同样，也就没有离开教学的课程，二者是相互依存的。教学的内容是以课程的形式而呈现出来的，因此，课程也就理所当然成为检测教学质量和效果好坏的标准；教学是课程的实施过程，是课程展开、实施的途径和活动方式。整体上来看，教学和课程大致经历了混合、分化、再分化，最终到今天的整合过程（图 1-2）。

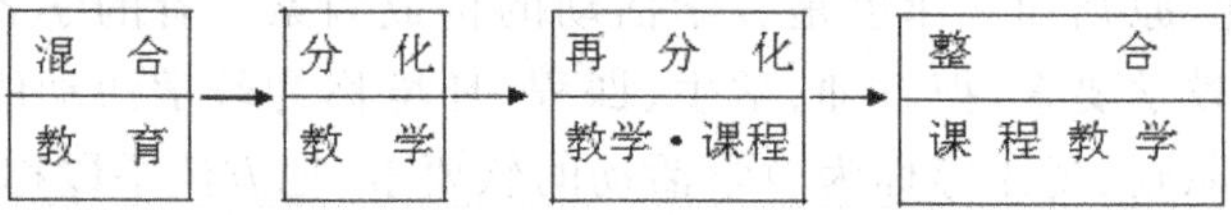

图 1-2　课程与教学关系历史演变图②

人类教育实践的内容一开始是一种经验，然后发展成为知识，而知识也会由少到多、由浅到深、由合到分、由简到繁。与之相适应，课程也呈现出这样的变化。但是，教学的变化在整体上并不是很大，而且也相对简单一些。在远古时代，人类教育还依附在生产生活中，没有独立出来，其内容十分简单，课程和教学是合一的。随着技术的发展和学校教育的产生，学校教学与教育活动也出现了分化。尽管学校教学内容仍然相对比较简单，但教学方

① 张传燧．课程与教学问题研究[M]．郑州：大象出版社，2010：5.

② 张传燧．课程与教学问题研究[M]．郑州：大象出版社，2010：5.

式开始变得复杂了。例如，我国到西周末期特别是春秋以后，教育从“学在官府”“官师合一”“政教合一”的理念和现象转向“学在四夷”“官师分离”“政教分离”；教学方面也从群体教学开始转向了个别教学；强迫灌输教学开始出现了弱化，自觉启发教学则开始得到提倡；教学方式也发生了转变，如由示范模仿、言传身教逐渐转向讲说传授、书写记录、阅读背诵等。就课程内容而言，尽管随着文化知识的发展和文字的发明而变得繁多，但是它仍然依附于教学，还没有获得独立的地位，形式依然相对简单而混杂。

到了近代，尤其工业革命以来，科学技术不断进步，人类积累的知识越来越多，独立分化出来的学科也开始增多，知识呈现方式更加多样化。课程不但结束了混合的局面，从教学中独立出来，而且其内容、科目和形式也都发生了极大变化，体系结构变得越来越庞大复杂。与之不同，教学方式并没有太大的改变，虽然出现了班级集体教学组织形式，教学的主要方式仍然是讲授问答、书写记录、阅读背诵。因此，在这一时期，课程逐渐脱离了教学而获得了独立的地位，教学则没有得到应有的关注和重视。

到了 20 世纪，教育最大的特征就是课程与教学得到了分离。现代教育是受“技术理性”支配并追求“技术理性”的教育。所谓技术理性，即理性的技术规则，其基本逻辑在于可预测、可控制性以及有效率。“技术理性”通过合规律（规则）的行为而对环境加以控制，它以“控制”为核心，控制的目的是提高效率。因此，现代教育一开始就与有效控制存在千丝万缕的关系。在技术理性时代，强化了学会学习就是学会生存的理念，学校教育的工具化、制度化、理性化、科学化、机械化、终身化日益加剧，学习在一定意义上对于学生来说成为一种外在的、异己的力量。教育理应是培养完善的人的场所，却在一定意义上成了按统一标准、统一模式生产标准件的“工厂”。现代教育在为现代社会高效率地培养人才方面取得了巨大成功，但是由于过度追求教育的效率、追求教育过程的程序化、技术化，情感陶冶、启发诱导弱化，师生情感交流少，学生日益成为学习的机器。学习的机器在学校的工厂里被成批地、高效地生产出来，满足工业化、社会化和现代化的要求。总而言之，现代教育的每一个环节都趋于技术化，但却忽视了教育的整体性和人的完整性，使教育过程中的人文关怀日益减损，结果是教育价值的迷惘和真正教育意义的迷失。现代教育的发展过程是日益按照“技术理性”的原则组织起来的走向“科层化”和“制度化”的过程，这个过程也就是课程与教学日益分离的过程。在制度层面，课程与教学很容易分离，且二者的关系也被视为一种线性关系。课程是学校教育的实体或内容，是制度化的文本，它规定学校“教什么”，教学是学校教育的过程或手段，它规定学校“怎样教”；课程为教学确定了方向和目标、内容与计划，是预先规定好的，发生在教学过程之前及教学情境之外，教学过程就是要忠实且有效地执行课程计划、传授教学内容，而不应该随意对课程进行变革。教学则是由教师和学生操作的，是被动地执行课程内容的过程。课程与教学是教育实践的两个领域。就这样，课程与教学被割裂了，二者机械地、单向地、线性地发生关系。现代教育中课程与教学分离的过程即是现代教育日益工具化、日益成为现代科层社会的一个环节的过程，“技术理性”在现代教育中的支配地位也就日益膨胀。现代教育科学被“技术理性”支配，因此，课程与教学分离的速度越来越快，现代教育的工具化也就得到了更大程度的强化。

20 世纪末，受“解放兴趣”价值取向的影响，人们将课程看作是“体验课程”——被教师与学生实实在在体验到的课程，是师生在教育情境中共同创造的一系列“事件”，而不只是处在教育情境之外的书面文件，通过这些“事件”，师生共同建构内容与意义。教学不再只是一个传递内容却与内容无关的“管道”，而是一个产生基本课程效应的社会情境。课程与教学是一个有机的、共生的整体。

纵观现代教育的发展历程，教育被“科技理性”或“工具理性”操纵、支配，教育一味追求效率，追求教育过程的程序化，每一个环节都趋于技术化，教育的整体性和人的完整性被忽视，人文关怀日益减损。教育沦为社会的控制工具，这极易导致课程与教学的二元论、课程与教学的分离，为“科技理性”所支配的教育科学更加剧了这种分离。当课程与教学在“实践理性”的基础上整合起来的时候，教育开始呈现前所未有的生机，但这种整合是有限的。对此，哈贝马斯提出了独特的理性(或兴趣)理论，他认为人类存在着三种理性(或译为“三种兴趣”)，其中第三种理性是“解放理性”，是一种对反省和批判意识的追求，通过这种追求，以达到主观境界的不断超越和对社会责任心的不断增强，最终达到人性解放的目的。“解放理性”本质上是一种“自我意识的觉醒、自我反思和超越”。当课程与教学在“解放理性”的基础上重新整合起来，成为“课程教学”的时候，人的主体性在教育情境中获得充分体现，教育在人类历史上第一次成为人的解放的过程。在新一轮教学变革中，倡导民主、平等、对话、反思、理解与解放的教学交往成为新的教学视点，人文关怀正在从被遗忘的角落中苏醒，成为新的教学价值追求，重新找到了其合理的价值定位;教学中的科学精神和人文精神正在形成新的动态平衡，与之相关的工具理性、价值理性和非理性之间的关系也在磨合和重塑。“解放理性”理念下，教学不仅是知识的增值过程，更是个体解放、生命成长、人格完善、情感浸染、个性生成的过程，并通过交往、对话实现教学的科学性与人文性的均衡发展，使教学的工具理性、实践理性和解放理性保持和谐的张力，并最终走向关怀伦理的教学。教育科学不再是为了从复杂的课堂生活中抽取一些孤立的变量进行分析，并据此获得一些旨在控制教学实践的“处方”，而是为了理解复杂的课堂生活，为了表征并解释课堂情境中所发生的种种事件。

其实，课程与教学极为密切，两者是很难分开的。一方面，制定目标要求时，必须研究和面向“动态”的课程与教学实际，以及各种可能的教育情境，而关注“动态”的课程教学本身，其实就已经将“课程”与“教学”统一起来。另一方面，不存在所谓忠实的课程实施。教师在开展教学，进行课程实践的同时，也在解读和建构着课程。因此，我们应该用整合的观念认识课程与教学的关系，以实现二者的有机结合。

二、课程与教学关系的现实状况

课程与教学的现实分析，主要是从课程与教学的实然存在角度去看二者的关系。这要从教育特别是学校教育谈起。

学校教育是指由专门机构和专职人员承担的有目的、有计划、有组织地对受教育者施加系统影响的社会实践活动。

学校系统及其教育活动的运行(图 1-3)表明课程与教学是教育活动过程的两个既相互联系又相互区别的方面。课程是教学活动的内容，教学是课程实施的主要方式。在学校教育系统中，二者同等重要，缺一不可，各自都有着独立存在的价值，互相都不可替代。

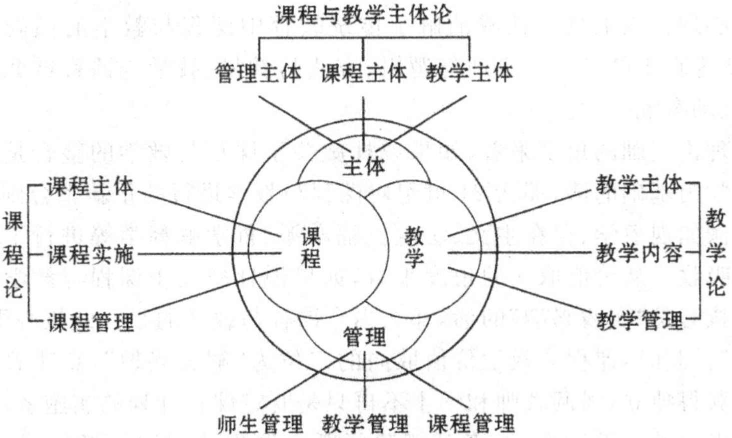

图 1-3　学校教育活动系统与教育学科对应关系图①

① 张传燧．课程与教学问题研究[M]．郑州：大象出版社，2010：7.

从教育主体角度看，在课程与教学的运行过程中，师生同为课程与教学的主体，因此，师生在课程与教学活动中的地位、作用、相互关系及活动方式也当然成为课程论和教学论所要研究的范围。

从教育管理的角度看，课程、教学、师生都是学校管理的对象和学校管理学研究的主要内容，课程管理、教学管理又分别是课程论与教学论研究的领域，二者既有交叉重合的内容，又有各自不同的范围。

三、课程与教学关系的当代整合

尽管杜威关于课程与教学整合的理念早在20世纪初就已确立，但这个理念的影响主要存在于思想层面。纵观20世纪教育实践的发展，依然是以课程与教学的分离为特征的。21世纪，在课程与教学观上回归杜威并超越杜威已成为教育中一种重要的时代精神。

杜威的实用主义（或称为经验自然主义）的价值观帮助人们重新确立了世界的内在连续性和整体性。杜威将其实用主义价值观应用到了对课程与教学的研究当中。他认为，在传统教育当中，课程与教学之所以处于对立的状态，根本的原因就是哲学上的二元论。首先，在二元论的视野中，课程教材和教学方法是不相关联的，在二元论的思维模式之下，教学方法是独立于课程教材的一套规则和策略体系，跟课程教材是没有统一关系的，只是一种普遍的心理控制工具。杜威消解了传统教育中课程与教学的僵硬对立关系，他认为真正的教育是心理与逻辑、方法与教材、教学与课程彼此之间相互作用、动态统一的。

从理论基础的角度来看，如果说杜威关于课程与教学的整合是以实用主义哲学为基础的话，那么21世纪对课程与教学进行的重新整合则从各种哲学流派如现象学、存在主义、法兰克福学派、哲学解释学等进行了有益的借鉴和吸收。从价值取向的角度来看，如果说杜威关于课程与教学的整合追求的核心是“实践兴趣”的话，那么当今课程与教学的整合的核心则是“解放兴趣”。此时，课程与教学价值取向的定位为“解放兴趣”，意味着个体在教学中获得独立，强调教师和学生不再只是既定课程计划的实施者，而是课程开发者和教学设计者，二者都摆脱了既定课程计划实施者的固定角色。课程由原来的政府控制层面逐渐转移到课程与教学过程中，出现“课程开发”的理念与实践，课程由“课程编制”转变为“课程开发”，由“制度课程”转变为“体验课程”，师生都可以实实在在地感受到。教学的研究更重视学生的主动参与和教师对学生学习的促进、引导和帮助。由此，课程的内涵可以说是发生了质的变化。课程不再是独立于教育情境之外的书面文件，而是变成了师生共同在教育情境中创生出来的一系列事件。当教育的核心由“制度课程”转变为“体验课程”时，课程与教学的研究就植根于活生生的教育情境中，课程与教学进一步走向融合。对于课程与教学整合的新的理念及相应的实践形态，美国学者用一个新的术语概括为——“课程教学”[①]。“课程教学”的内涵可以解析为三个层面：课程与教学过程的本质是变革，教学作为课程开发的过程，课程作为教学事件。

人们在把握了课程与教学关系的近代分离及现实存在状况的情形下，开始意识到：课程改革的深化必然要求教学改革，亦将推进教学改革；无论是重课程轻教学还是课程与教学分离，都隐藏着严重的危险。

四、课程与教学关系的四种模式

课程是教学的蓝图，教学是课程的实践，学校教育系统包含课程与教学，二者的目的都是使学生学习与成长。为了达成教育目的与目标，课程与教学缺一不可，二者之间的关系非常密切。奥利瓦提出四种模式来说明课程与教学之间的关系，如图1-4所示。

(1)二元独立模式。这一模式的出发点是课程和课程论独居其位，课程与教学二者是彼此独立的。课堂上发生什么与课程设计者的设想，这二者互不干扰，且任何一方发生变化，对另一方都没什么影响。

(2)相互交叉模式。这一模式的出发点是认可课程与教学之间存在着共通的内容，课程论与教学论中也存在着相互包含的一部分，即教学包含课程的一部分，教学论包含课程论的一部分，相应地，课程也包含教学的一部分，课程论也包含教学论的一部分。当站在教育系统的角度来看待课程与教学、课程论与教学论时，它们就是平等、相互交叉的了。

(3)包含模式。这一模式的出发点是课程理论与教学理论之间是相互包含的关系。它有两个变式：一是“大课程论”，即课程包含着教学，相应地，课程论包含着教学论；二是“大教学论”，即教学包含着课程，相应地，教学论包含着课程论。

(4)二元循环联系模式。这一模式建立的出发点是强调课程理论与教学理论之间的相互作用与影响，意思是二者虽然相互独立，但是彼此之间存在影响，且这种影响是连续的、重复的、无止境的。对教学过程的评估影响着下一轮的课程决策，进而又影响接下来的教学实施。这种循环往复、周而复始的影响，促进课程与教学这两个实体不断地进行改进。

---

① 陈芬萍．课程与教学论新编[M]．合肥：安徽大学出版社，2012：22.

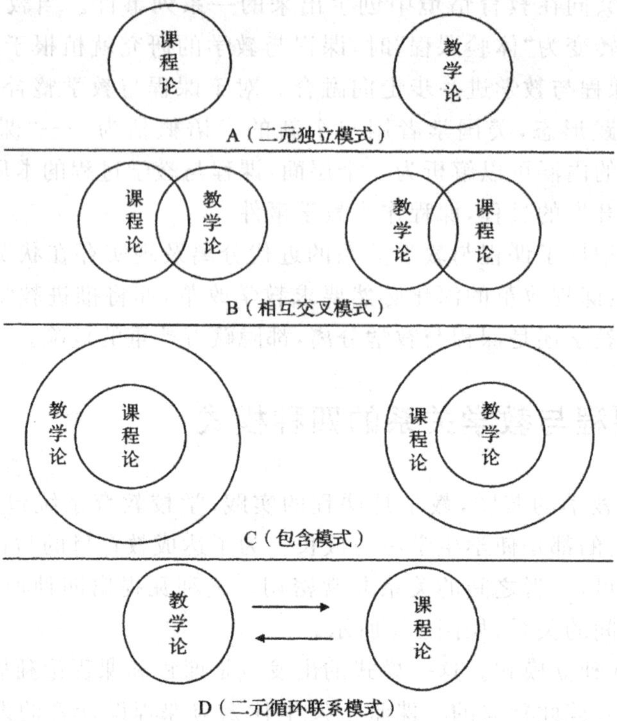

图 1-4　课程与教学关系的四种模式①

随着我国基础教育新课程改革不断向纵深推进，人们还意识到课程改革离不开教学改革，课程与教学的整合将成为大势所趋。但必须注意，整合不是融合，“和而不同”应当成为未来课程与教学关系的基本走向。

学校教育活动过程中的课程与教学的相互关系还可用表 1-1 来说明。

表 1-1　学校教育活动过程中的课程与教学关系

学校教育活动过程			
课程实施	课程是通过什么实施的	教学是课程实施的主要方式，即教学就是课程实施	教学活动
	课程由谁来实施，怎样实施	师生主体：师生的课程活动方式	
	课程是为谁而实施	课程与教学目的：社会性与个体性，发展性与选择性	
	课程实施结果如何	课程与教学评价	

① 窦瑾，等．唤醒与转化：学校教育的理论和实践[M]．长春：东北师范大学出版社，2014：56—57.

第三节 教育中课程与教学的地位和作用

一、课程的地位及其作用

（一）课程的地位

从学校教育活动看，课程既是与教师、学生一起构成教学活动的三个基本要素之一，同时又是师生共同作用的对象，还是连接师生的纽带和中介。课程把学校方方面面的工作都整合起来了，各类的教师、各岗位上的行政人员、学校的中高层管理者，他们的工作都要置于课程之下来考虑。学校的各类人等都在不同意义上向学生提供课程。没有课程或者课程内容十分单薄，学校教育活动就成为空壳。不仅如此，课程还是学校教育联系社会的强大纽带。正是通过课程，社会的政治、经济、科技、文化发展要求被反映到学校中，也正是通过课程的教学，学校才能培养出符合社会发展要求的人才。基于此，人们视课程为学校教育的心脏，其地位非常重要。

（二）课程的作用

课程的作用就在于课程是否能够满足课程之外的其他事物或人的发展需要，表现为对其他事物或人产生的作用或功能。课程作用的判定取决于判定者的课程价值观。一般来说，判定者的课程价值观受社会本位、个体本位、知识本位（文化本位）、教育本位等不同价值观的影响。社会本位价值观强调课程的社会发展价值（包括政治、经济、文化、道德等方面）；个体本位价值观强调课程的个体发展价值；知识本位价值观强调课程的文化知识发展价值；教育本位价值观强调课程的教育发展价值。这些课程价值观都有一定的片面性。事实上，课程的作用应当是多重的，而非单一的，我们应当确立多元和谐的课程价值观。

二、教学的地位及其作用

（一）教学的地位

学校教育主要是通过课堂教学来培养人。不仅中小学是如此，大学亦是这样。学校工作包括很多方面，有教育工作、管理工作、后勤工作。就教育工作来说，有教学工作、思想政治工作、党团队工作，其中教学是最基本的工作。

关于教学，存在两种不正确、不科学的观念和做法。

第一，将教学与德育相提并论或对立起来，强调德育为本而轻视教学。其实，二者不是同一层次、同一逻辑范畴的概念，强调德育为本与坚持以教学为中心并不矛盾。德育是与智育、美育、体育、劳育等相对应的概念，是学校教育内容的重要组成部分。它的目的和任务是对学生进行理想、思想、道德、纪律教育，使学生形成正确科学的世界观、人生观、价值观，发展学生的思想品德，使其形成良好的道德行为和习惯。教学是实施德育的主要途径，它要完成德育的任务。教学同样要为德育服务，但不只是为德育服务。教学使德育获得了科学和认识的基础。尽管学生的世界观、思想品德和个性的形成与发展要通过各种途径在更广阔的领域来实现，但科学的世界观、良好的思想品德和个性，其形成和发展是必须建立在科学知识基础之上的。不仅思想品德课、政治思想课要通过教学并借助于其他各科教学奠定的基础来进行，而且自然学科和社会、艺术学科的教学，也是促进学生的科学世界观，良好思想品德与个性形成和发展的重要基础。所有学科教学中的学习又是一种系统的艰苦劳动，对培养学生的良好思想品德与个性也有巨大的作用。因此，不能将教学与德育相提并论，更不能将二者对立起来。

第二，将以教学为中心理解为就是以智育为中心，将教学等同于智育。教学不等于智育，但与智育有密切关系，二者是途径与内容的关系。智育是与德育、美育、体育、劳育、心育等相对应的概念，是学校教育内容的重要组成部分。教学是实施智育的主要途径，它要完成智育的任务。教学要为智育服务，但不只是为智育服务；智育要通过教学来进行，但教学并非智育的唯一途径，其他教育活动中也含有智育的因素。

要确保教学的中心地位，应从以下几点入手。第一，要切实转变和更新教育教学观念，确立正确的教学观、育人观，真正树立育人的基本途径是教学的观念。第二，要正确处理好教学工作和其他教育工作的关系。要坚持教学为主，但反对教学唯一；要开展丰富多彩、多种多样的教育活动，但不能因过多而冲击甚至取代课堂教学。第三，要切实改革教学。学校的课堂教学由于长期受不正确、不科学的教学思想影响，过于突出教师的作用、过于强调系统知识的传授、过于重视课堂教学活动，不利于学生个性的健康、和谐发展。因此，不改革就不能满足学生的发展要求。

(二)教学的作用

教学在学校教育工作中的中心地位是由它对社会发展和个体发展的作用即价值决定的。在教学的社会意义上,其作用表现为以下几点。第一,传递社会经验、文化科学体系和社会伦理道德规范。第二,贯彻教育方针,实现教育目的。培养合格的社会成员,这是对整个教育而言的,但主要是基础教育的任务;造就专门人才和熟练劳动者,这主要是针对高等教育、职业教育而言的。

从教学的个体意义上来说,其作用主要表现为以下几点。第一,促进个体社会化。教学中,同辈人即学生之间的集体交往活动;隔代人即师生之间的相互交往活动;课程内容的引导、影响作用;这三方面都能够促进个体社会化。第二,促进个体身心全面和谐发展,学校专门开设体育、卫生保健、音乐、美术、书法及生产劳动等诸多课程,对学生进行专门的体育卫生知识和体育项目、审美观点和审美能力、现代生产基本原理与劳动技能的教学。此外,学生还可以从其他各科教学中获得关于人体、环境科学、美学、现代工农业生产等方面的知识和审美感知,从而有力地促进学生体力、审美感与能力、劳动技能等的发展。具体如图 1-5 所示。因此,教学是学校实现全面发展教育,促进学生全面发展,实现教育目的的基本途径。学校教学质量的高低关系到学校培养的人的质量,并因此影响社会的发展。教学工作实乃学校社会职能发挥的重要基础。

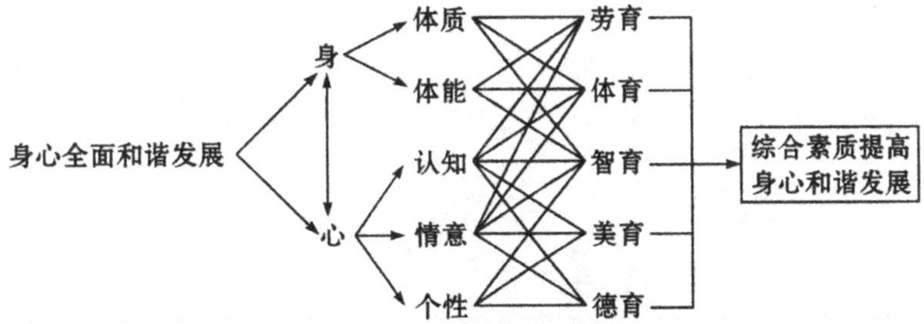

图 1-5 个体身心全面和谐发展与教学关系图①

在教学的教育学意义上,学校教育的根本任务是育人,而育人是通过“五育”来实现的。教学的作用在于完成“五育”的任务。教学是实施“五育”的主要渠道和途径。学校教育所要完成的任务是多方面的,这些任务应当且必然是教学所应完成的任务。因此,教学的作用是非常重要的。

① 张传燧．课程与教学问题研究[M]．郑州:大象出版社,2010:11.

另外，教学还是传递人类社会长期积累起来的知识、技能和人类文化遗产最有效的手段。文化科学知识的继承和发展是人类社会不断发展的必要条件。人类创建学校的目的，就是为了通过学校有效地向下一代传递人类业已积累的生产与生活经验，使人类社会得以延续和发展。以教学的方式传递知识，由于有专职教师的指导和不断系统、完善的教学内容，可以大大加快新生一代掌握知识的速度。因此，它既适应生产与生活发展、知识不断丰富的客观形势，又是人类社会分工与进步的标志，更是人类创造的一种积累、传递和发展知识、培养人才的有效途径和必要条件。

综上所述，正因为教学具有上述重要作用，所以才被置于学校教育工作的中心地位。教学的中心地位只能加固而不能有丝毫动摇和削弱。

第二章　课程与教学论的发展轨迹与趋势探究

课程与教学论是教育学科的一个分支学科，主要研究学校教育中与课程、教学相关的一系列理论和实践问题。其形成经历了很长的历史时期，其发展同哲学、心理学、社会学、各学科教育学、文化学、人类学以及自然科学等学科有着十分密切的联系。目前，它正朝着新的、更高水平的理论综合和不同学科教学论专门化研究的方向发展。课程与教学论作为一门学科，在课程教材建设中必须明确它的基本内容及其结构框架。为此，又需要先明确它作为一门学科的基本性质、主要任务和研究对象，梳理出它合乎逻辑的内容结构范围。本章就课程与教学论的发展历史、学科现状、基本任务、理论基础、发展趋势进行探究。

第一节　课程与教学论的发展历史与学科现状

一、课程与教学论的发展历史

回顾漫长的历史进程，课程与教学论的起源、发生和发展可以划分为萌芽期、建立期和繁荣期三个时期。

（一）萌芽期

从课程与教学产生到16世纪的数千年中，课程与教学理论经历了漫长的萌芽时期。在这一时期，学校教育规模比较小，为社会的统治阶层强权垄断，主要是上层社会的贵族教育和宗教教育。典型的课程与教学代表有古代苏美尔人的“文吏学校”以泥板为载体的“文吏”课程与教学、我国古代社会中尧舜实施的“德教”课程与教学等。在这个时期，人们的研究还普遍是一种哲学行为，最多是将其列入整体教育问题中加以探讨，课程与教学问题没有成为独立的研究对象。不过，古代教育家已明确提出了三个根本性的课程与教学问题——“怎样教学”“教学什么”和“为什么教学”。

（二）建立期

在经历了长期的积累以后，课程与教学论在欧洲正式建立起来了。课程与教学论从出现雏形到基本成熟，经历了从17世纪到20世纪初持续300年的建立期。在建立期，课程与教学论的发展具有显著的三大特点。第一，在深入探讨已有的"怎样教学"和"为什么教学"问题的同时，突出地加强了对"教学什么"问题的探讨，并进一步提出了"课程与教学是什么"的新问题。第二，出版了一批教学论的专门著作，其中最为有名的是《大教学论》和《普通教育学》。第三，课程与教学理论基础从哲学思辨走向心理学实证。长期以来，人们几乎一直都是将教学理论研究置于哲学理论思辨层面。到了夸美纽斯的《大教学论》，已经开始注意到儿童身心发展的自然性，但它的整个理论基础仍然是宗教自然哲学。之后，裴斯泰洛齐深刻洞悉了哲学思辨的局限性并极端地加以否定，公开提出了教育教学"心理学化"命题。杜威则进一步提出了教材心理学化的主张，开辟了课程与教学心理学化的崭新前景。

（三）繁荣期

20世纪是教育的黄金年代。首先是全球范围的义务教育的普及，接着是终身教育观念的提出和发展，教育规模持续扩大，同时，追求教育质量和教育公平，这又具体化为对学校课程与教学质量和学校课堂教学平等的追求，从而提出了大量亟须解决的课程与教学问题，刺激了课程与教学研究的大发展，使课程与教学论进入了一个繁荣时期。

在繁荣期，课程与教学论的发展表现出以下特点。第一，在深入探讨已有的"教学什么""怎样教学""为什么教学"和"课程与教学是什么"等问题的同时，提出了"应该怎样教学"的问题。第二，出版了一大批代表不同流派的教学论专著，如进步主义的《儿童与课程》，科学主义的《课程论》《教育目标分类学》和《人类特点和学校学习》，信息技术主义的《教学的学习原理》，以及后现代主义的《后现代课程观》，等等。第三，课程与教学理论基础心理学化。20世纪是心理学，特别是教育心理学、发展心理学和学习心理学的大发展时期。在这个时期，凡是创新而有影响的课程与教学理论，总是有新的学习心理学理论作支撑。第四，课程论从教学论中分离出来而成为一门独立的教育学分支学科。第五，现代教学媒体得到飞速发展和广泛应用。20世纪20年代，美国的教育家设计、制造和使用了教学机器。到20世纪90年代，以计算机为核心的多媒体教学技术蓬勃发展起来。20世纪90年代中期,互联网飞速发展起来了,网络课程与教学迅速崛起。

二、课程与教学论的学科现状

当前,国内研究者大多已经不再纠缠于争论课程论与教学论之间的关系,而更多地关注课程与教学论学科的发展和建设。综观我国目前的课程与教学论学科研究,正处于迅速发展的时期,大批课程与教学研究者的努力已经取得了众人瞩目的成就,但同时也存在诸多没有解决的问题。

首先,学科概念混乱,缺乏一定的认同感。从目前来看,课程与教学论学科基本的概念体系还没有建立起来,基本概念的表述带有随意性,没有得到普遍认同。

其次,研究对象的澄清与建构。在任何一项学科研究中,要科学地建构研究对象,首先要与日常性常识以及学究性常识划清界限,即与那些被大众共同持有的见解划清界限,不管它是日常生存状态里的老生常谈,还是一本正经的权威间接。譬如,当下中国课程与教学实践中一个众所周知的问题就是学生课业负担比较重,若停留于一般牢骚、家常式的探讨层面的浅议,则是停留于日常性常识;我们研究者通过自己的研究和思考,需要更深层面的理解和洞察:这些负担具体形式如何?造成负担过重的深层次原因是什么,抑或能不能提出具体有效的解决策略?这样就是把日常性常识升华至学究性常识的层次了。课程与教学论学科要提升自己的理论水平和专业程度,需要开展这样的工作,对课程与教学实践中的问题、概念进行澄清,科学地建构应有的研究对象。

最后,课程与教学论学科并没有对我国的具体课程和教学实践进行深入的研究,没有被本土化。有一些学者在谈到教育理论不能指导实践的问题时曾说过,之所以会出现这种状况,是因为现有的教育理论并没有深入到教育实践中去,也没有对教育活动的规律进行深刻的揭示。对我国当前的课程与教学理论的分析是不够全面的,在对我国课程与教学实践的深入剖析上,这一点严重制约了我国课程与教学论的发展。

当前,关于课程与教学学科体系的建设远远不止上述这些。我国的课程与教学论学科因为才刚起步,所以还没有形成基本的学科规范。如何推进学科体系的完善与发展,是当前课程与教学论学科发展所面临的迫切问题。

第二节　课程与教学论的基本任务与理论基础

一、课程与教学论的基本任务

任务与目的是密切相连的。课程与教学论作为教育科学的一门分支学科,它的目的和主要任务可以表述为:认识课程与教学现象、揭示课程与教学规律和指导课程与教学实践。

(一)认识课程与教学现象

从古到今,课程与教学现象经历了一个从简单到复杂的演变和发展过程,课程与教学论的首要任务是认识纷繁复杂的课程与教学现象。

从历史发生学看,课程与教学的首要问题是内容的选择问题,即教学什么的问题;与之相连的进一步问题是教学的目的问题,即为什么教学的问题。这些问题在古代学校教育中就存在,但是那时决定"教学什么"和"为什么教学"的人是统治者。到了近代,科学知识积累得越来越多,工业化使初等学校教育大规模发展,个别教学制被班级授课制所替代,培养目标走出单一的上层社会,扩展到下层社会,从一元走向多元,这一切使得怎样教学的问题凸显出来,引起了持久的立足点不同的社会性论争,进而深入地引出了"教学什么"和"为什么教学"的问题。这些问题,脱离开了直接从事教学活动的教师和直接的教学活动过程而独立了出来,它们针对的是教师与儿童的矛盾现象、教师与内容的矛盾现象、内容与社会的矛盾现象、内容与儿童的矛盾现象、以及教师、儿童、内容与手段的矛盾现象。这些矛盾现象逐步衍生出了层层叠叠、簇簇拥拥的专门的课程与教学现象。

(二)揭示课程与教学规律

课程与教学规律是课程与教学及其组成成分发展变化过程中的本质联系和必然趋势。它是内在的东西,是人的感官不能把握的,只有思维才能把握。

人们对课程的认识活动,已经和正在努力把握的课程规律范围:课程载体形式与内容的相互联系,形式和内容的演变与社会文化发展的本质联系,等等。

人们对教学的认识活动,已经把握和正在努力把握的教学规律范围:教学与社会发展、儿童发展之间的本质关系；教学内在成分和要素之间的本质联系；教学内在联系中的科学性方面和艺术性方面；各种各样教学内在关系的历史演变趋势；等等。

课程与教学研究本身是一种历史活动，存在着一个方法论问题，即存在着课程与教学的科学性规律与价值性规律、存在性规律与反映性规律、理论性规律与实践性规律、科学理论与政策法规、科学性与审美性或艺术性对立统一关系问题。[①]

（三）指导课程与教学实践

课程与教学理论来源于实践，但又反过来能动地作用于课程与教学实践。从发生学看，先有课程与教学实践，然后才产生了课程与教学理论、但是课程与教学理论一旦产生，就会反过来指导课程与教学实践。

课程与教学实践可以区分为课程与教学管理、课程研制和课程应用三种类型。这三种实践是密切联系在一起的，随着课程与教学改革的发展，师生逐步成为课程研制者，推动着这三种实践的一体化。但是它们之间又是有明显区别的，特别是管理与应用之间的区别比较大。

课程与教学实践同理论的区别，实质上主要是主体之间的区分和隔离。课程与教学理论指导实践的机制，根本的是在主体上沟通。沟通机制有三种：课程与教学论学者参与课程与教学管理和应用、教育管理者和教师成为课程与教学专家、理论工作者与实践工作者联合工作。

二、课程与教学论的理论基础

在课程与教学论的长期发展过程中，有很多学科都影响到它。其中国内外学者公认的最有影响力、最基础的则是社会学、哲学和心理学。这三个学科方面的理论学家从不同角度、不同层面对课程与教学论进行过研究。课程与教学论正是在诸多的社会学理论、哲学理论和心理学理论基础上不断发展进步并走向成熟的。

（一）社会学基础

就本质上而言，课程与教学属于一种社会行为。这种社会性就决定了它的产生与发展需要符合社会发展的规律与要求。因此，社会学就成为课程与教学论的一个重要理论基础。

---

① 黄甫全．课程与教学论[M]．北京：高等教育出版社，2002：6.

课程与教学是教育中的一个内容，由于教育与社会有着极为密切的联系，因而，课程与教学也就不可避免地与社会有着千丝万缕的关系。在不同的历史时期，社会形势不同，人们的社会观念不同，对课程与教学的影响方式和影响层面也就会产生非常明显的区别。总的来说，社会学对课程与教学论的影响是随着课程与教学论的发展而不断加深的。早期人类社会中，虽然课程与教学论还没有正式形成，但是中外古代诸多思想家还是立足各自的社会观对课程与教学问题作过不同的思考。在西方，较早以社会为背景来论述课程与教学的先哲是柏拉图，他撰写了西方历史上最早的教育论著《理想国》。在该书中，他从“理想国”的社会阶级构成出发，分析了不同社会等级所需要的不同的课程与教学。他还根据社会等级来设置课程与教学，以使课程与教学和社会之间形成一定的对应关系。在古希腊罗马时期，整个社会崇尚民主和自由。于是，课程设置与教学方法以思辨为主。而到了中世纪，教育受制于封建领主和宗教巨头，教会学校的课程设置和教学注重对宗教教义的理解。在我国古代，不管是课程内容的选择，还是教学方法的运用，都深深地受到社会政治的影响。当时，最突出的表现就是课程与教学方面有着明显的道德教化特点。我国古代著名的思想家、教育家和政治家孔子认为，教育的目的在于培养奴隶主阶级的统治人才——士和君子。据此，他把教育内容确定为道德教育和知识教育，重点则是道德教育。

16～19 世纪末，随着西方资产阶级革命和工业革命爆发，自然科学迅速发展，再加上文艺复兴运动以及新思潮的发展，课程与教学思想受到了新的社会形势的深刻影响。当时，西方涌现出了一批杰出的教育家、思想家，如夸美纽斯、洛克、卢梭、裴斯泰洛齐、欧文、赫尔巴特、福禄贝尔、斯宾塞、乌申斯基等，这些人进一步推进了社会学同课程与教学论的关系。夸美纽斯深刻地揭露和批判了中世纪扼杀儿童智慧发展的经院主义纯文字的课程与教学，系统地构建了以感觉主义、泛智主义、自然原则为基础的近代课程与教学理论体系。与此同时，夸美纽斯在长期教学实践的基础上，总结了丰富的教学实践经验，撰写了《大教学论》一书，提出了较完整的教学理论体系。他首先界定了教学论的基本概念，并在泛智教育思想的基础上，扩大了教学内容的范围，突出了自然科学的地位，主张把真正有实用价值的、系统的、符合规律的知识教给学生。英国思想家、教育家洛克以“社会契约论”为基础，提出了“绅士教育”的理论。根据他的观点，人们在最初的自然状态中是自由平等的，人们把这种自然权利转让给执政者，是为了让执政者能够保护他们的生命、财产的自由。社会制度是由大多数人的意志相结合而形成“契约”的产物。“绅士”是“契约”的履行者，需要各方面的学识。因此，国家应当设置阅读、写字、图画、英语、地理、历史、算术、几何、法律、伦理学、天文、速记等课程与教学内容供绅士学习。当然，绅士的德行培养和体育训练应当作为一个重点。与洛克不同，法国的思想家、教育家卢梭认为，随着制度的产生，邪恶便笼罩人间，这违背了原始的社会契约，在这种社会里进行教育违反了天性。鉴于此，他让其教育对象——爱弥儿离群索居，脱离社会影响。在卢梭看来，最好的教育只有在理想或“自然状态的”国家里才有可能实现。根据他的设想，教育要根据发展的阶段实施不同的内容，采取不同的方法。英国教育家斯宾塞主张通过分析人类社会生活的各个方面来选择最有实际价值的知识对学生进行教育，而“什么知识最有价值，一致的答案就是科学”。因此，斯宾塞认为，古典学科不符合实际生活需要，学校应当把新兴的自然科学作为教学科目。总的来说，在19世纪中叶以前，社会学还处于“前科学”时期，一些思想家和教育家的观点虽说对课程与教学论的形成有很大的影响，但他们对社会与学校教育、课程与教学之间关系的认识，大多是处于自发状态，没有进行充分的论证。

20世纪初，基于早期社会学家对教育问题的开拓性研究，教育社会学这门新的学科诞生了。教育社会学出现之后，人们纷纷开始在社会背景下透视学校课程与教学，于是课程与教学论越来越全面和系统，并逐渐走向了科学与繁荣。在教育社会学的发展过程中，出现了诸多流派，这些流派在一定程度上都对学校的课程与教学产生过直接或间接的影响。其中最具代表性的教育社会学流派包括功能理论、冲突理论和解释理论。下面重点介绍功能理论和冲突理论。

功能理论（结构功能主义）的代表人物主要有法国的涂尔干、美国的帕森斯等。这一理论以“结构与功能”“整合”“稳定”等概念为理论基点，强调社会整合、共同的价值观念和社会稳定，主张社会各部分都在协作的基础上有秩序地为实现社会的需要而发挥作用。学校作为社会结构中的一个有机组成部分，理应对社会稳定发挥自己的功能。功能理论基础上的课程与教学思想主要具有以下一些特点：第一，突出课程与教学的社会化功能。第二，强调社会对课程与教学发展的推动作用。第三，课程与教学内容应贴近生活。概括而言，功能理论主要将学校的课程与教学置于整个社会大系统来考察，力求通过社会化途径寻求课程与教学同社会系统之间的和谐一致，使课程与教学研究不仅立足于一个较高的层次上，而且着眼于课程与教学中的实际问题解决。这充分表明功能理论作为课程与教学论的一个理论基础，有较高的理论价值和实践意义。

德国学者韦伯常被人们认为是冲突理论的创始人。他所开创的社会冲突理论发展到20世纪60年代末，形成了以社会冲突为基本线索来考察教育对象的冲突论教育社会学流派。美国的柯林斯、鲍尔斯与金蒂斯等人都是这一流派的主要代表人物。冲突理论以“冲突”“变迁”“强制”等概念为分析起点，认为冲突是社会生活中普遍存在的现象；社会群体之间的冲突与斗争会使社会变迁这种普遍现象产生；社会稳定是短暂的，而斗争、变革则是不断地出现；社会关系存在着强制性；各群体之间连续不断的权利斗争，导致了一个矛盾的始终变化的社会。冲突理论流派认为，学校就是社会不断变化的相互作用的焦点，学校教育实际上是通过证明特权的合法性并把贫穷归咎于个人的失败来再生产不平等。冲突理论基础上的课程与教学论主要有以下一些特点：第一，课程设置的权利性。第二，课程与教学内容的阶级性。第三，课程与教学实施的控制性。第四，潜在课程的普遍性及重要性。总体而言，冲突理论通过深入探讨学校与社会、文化与霸权、教学与控制等诸多复杂关系，给课程与教学研究提供了一种新的思维视角，能使人们意识到学校中所隐含的意识形态的存在，以及各种冲突产生的机制。这非常有助于人们把握课程与教学发展的走向，促进课程与教学的积极变革。

关于社会学对课程与教学论的影响，具体可表现为以下两点。第一，社会系统因素对课程与教学论发展的影响。社会系统因素主要包括政治、经济、文化、科技等。课程与教学从来都是一定社会的政治、经济、文化和科技的产物。因此，这些要素必然影响着课程与教学，使其系统内部带有社会的性质。第二，社会学研究为课程与教学论繁荣发展提供理论支撑。社会学不仅从政治、经济、文化、科技的视角考察课程与教学的发展与改革，而且从理论框架和研究方法论的视角影响课程与教学论的建设。总的来说，社会学研究在为课程与教学论的繁荣发展提供一定的理论支撑。例如，社会学的研究成果有助于拓展课程与教学论的研究视野，社会学的研究方法有助于促进课程与教学论研究的社会学转型。

（二）哲学基础

哲学可谓是课程与教学论最根本的理论基础，因为课程与教学论的基本问题是价值问题、知识问题、人的问题。哲学是一切社会活动和个体行为理念的依据，决定着课程与教学的价值取向、内容、结构和具体的行为方式。

1. 哲学对课程与教学论影响的历史轨迹

在课程与教学论发展的不同时期，不同哲学观基础上会产生不同的课程与教学观。具体来看着不同时期哲学对课程与教学论的影响。

（1）萌芽时期

在古代社会中，课程与教学论还未从教育学中分化出来时，哲学家们对教育理论中关于“教学什么”和“怎样教学”的课程与教学问题进行了一定的思考。当时,西方最有影响的哲学家就是古希腊的柏拉图和亚里士多德。他们的哲学思想开了课程与教学研究中理性主义与经验主义的先河。自他们以后,有越来越多的哲学家和教育家们围绕理性与经验,在哲学观基础上提出了各自的课程与教学思想。在中国,儒家哲学基础上的课程与教学思想也是非常有影响力的。

(2)发展时期

自17世纪30年代教学论独立至20世纪课程与教学论开始繁荣发展,课程与教学论经过了一个从建立到逐步发展的过程。在课程与教学论的形成时期内,夸美纽斯、洛克和赫尔巴特等都做出了重要的贡献。经考察分析可知,他们的课程与教学思想都同他们的哲学观紧密相连。夸美纽斯认为,人的外部感觉器官是认识现实的窗口,外部感觉器官感知事物先于观念,感觉是理智认识的基础,感觉对理智具有决定性意义。在此基础上,他进一步提出了认识过程的三个阶段:第一阶段是用最初的直观的经验主义的认识形式来认识客体;第二阶段是认识客体形成的各种原因,从而论证科学原理;第三阶段是认识怎样运用所获得的知识去达到实践的目的。洛克认为,人的心灵开始时就像一张白纸,而向它提供精神内容的是经验。洛克将观念分为两种:感觉(sensation)的观念和反思(reflection)的观念。感觉来源于感官感受外部世界,而反思则来自于心灵观察本身。与理性主义者不同的是,洛克强调这两种观念是知识的唯一来源。洛克还将观念划分为简单观念和复杂观念,人们唯一能感知的是简单观念,而人们自己从许多简单观念中能够形成一个复杂观念。这种不彻底的经验主义认识论构成了洛克教育思想的出发点和主要思想基础。赫尔巴特用统觉来解释认识过程。所谓"统觉",就是指人们在认识某一新的事物时利用原有的经验来理解新事物。统觉过程就是使分散的感觉联合成一个整体的过程。赫尔巴特的课程论就是以其统觉论和多方面兴趣为基础构建起来的。他制定了一个比较广泛的课程体系,包括自然科学、数学、文学、外国语、历史、神学,强调各门学科之间的联系,认为教材的选择和安排必须首先考虑学生的知识背景,其次要适应学生的兴趣。赫尔巴特还提出了传授新知识的课堂教学程序,就是著名的教学"形式阶段",包括"明了(清楚)""联合(联想)""系统""方法(应用)"四个步骤。这使课堂教学有序可循,极大地方便了教师的教和学生的学。不仅如此,赫尔巴特还系统思考和分析了教学的类型及教学原则。

(3)繁荣时期

20世纪西方课程与教学论出现繁荣发展局面。这其实在一定程度上是伴随着哲学的发展变化而出现的,是不同教育哲学流派课程与教学观的反映。在课程与教学论的繁荣发展时期,西方比较有代表性的教育哲学流派有进步主义教育哲学、永恒主义教育哲学、要素主义教育哲学和后现代主义教育哲学。这些哲学深深影响着课程与教学论的发展，下面重点说前三种。

进步主义兴起于19世纪末，蓬勃发展于20世纪上半叶，以实用主义哲学为基础，代表人物是美国的哲学家、心理学家、教育家杜威。杜威强调哲学只是解决社会问题的工具。他崇尚"实用主义的真理理论"，批判哲学领域中的形式主义。他认为世界上不存在永恒的真理，否认真理的普遍性、绝对性和客观性，认为"实用效果""有用与否"才是衡量真理的标准。在杜威的哲学观中，"经验"是一个核心范畴。这里所说的"经验"，就是指有机体与环境、主体与对象在相互作用的过程中所产生的结果。杜威在"普通经验哲学"之上建立了"教育经验哲学"。杜威在对传统的课程与教学进行批判的基础上，提出了自己的一系列主张。他强调："儿童是起点，儿童是中心，而且是目的。儿童的发展，儿童的生长，就是理想的所在。只有儿童提供了标准。"可见，杜威坚持儿童观，认为理想的课程与教学应始终围绕儿童来开展，而反对传统的以学科为中心、以教师讲授为中心的课程与教学。同时，杜威还强调以"经验"为中心的课程内容，反对将课程内容等同于教材中所罗列的抽象的知识。对于课程内容的组织，杜威认为传统的学科课程的逻辑组织对于成人可能是适用的，但对于儿童而言就不同了，应以儿童为中心组织内容。杜威反对把学习看作是学生接受教师传递知识的过程，认为知识必须通过积极主动的活动得来，必须与经验结合在一起。因此，他提出了著名的"从做中学"的教学主张。

永恒主义兴起于20世纪30年代，主要代表人物是赫钦斯、艾德勒、利文斯通等。永恒主义以唯实主义哲学为基础，认为世界是由先验的"实在"所组成的，因而，在世界上存在着由"实在"构成的永恒不变的真理。在课程与教学问题上，永恒主义把促进学生理智发展看作教育的最高目的，从"永恒真理"中引申出"永恒学科"，强调学校应该以"永恒学科"为核心为学生设计和确定课程。这里所说的"永恒学科"主要指历代伟大哲学家、思想家的伟大著作，尤其是古代伟大人物的著作。如马克思的《资本论》、古希腊的荷马史诗《伊利亚特》及《奥德赛》、柏拉图的《理想国》、亚里士多德的《物理学》等。永恒主义以理智训练为宗旨，将永恒学科分为三类：一是理智训练内容的学科——哲学、文学、历史；二是理智训练方法的学科——数学、科学、艺术；三是理智训练工具的学科——英语、拉丁语、希腊语等。可见，作为教育哲学流派，永恒主义倡导的是大百科全书式的课程内容体系。永恒主义者极为推崇苏格拉底的教学方法。他们认为，苏格拉底的方法最能发展人性、实现理智训练的目的。

要素主义兴起于20世纪30年代，主要代表人物是巴格莱、德米亚谢维奇、莫里逊等。它可以说是在与进步主义的争斗中相应而生的，哲学观点相对较为庞杂。要素主义强调人类文化的“共同要素”，倡导“社会进化论”。在个人与社会的关系上，要素主义虽然承认个人的尊严、自由和权利，但更强调个人对社会的遵从、责任和义务。在教育领域中，要素主义者认为，要想实现社会进步的教育目标，就应当将人类文化中的“共同要素”作为学校课程的内容。共同的文化要素分为四个方面：一是学习习惯和基本技能；二是知识，包括观念、概念、含义、事实、原理、理论假说；三是理想和情感化的准则；四是态度，包括理论观点、顿悟、兴趣、忠诚等。

2. 哲学对课程与教学论的影响

从古至今，哲学对课程与教学论都有着深远的影响。正是在一定的哲学思想的支撑下，课程与教学论才获得了进一步的发展。由于不同哲学派别在最基本的本体论、价值论、认识论上的主张不同，因而，关于课程与教学论的基本问题、基本原理的看法也就有所不同。哲学对课程与教学论的影响主要表现为以下几个方面。第一，课程与教学论依托哲学的发展而发展。历史证明，课程与教学论的发展脉络总是同哲学的发展历史紧密联系的。哲学的发展会给课程与教学论的发展提供一定的理论基础。第二，不同的哲学流派引出了不同的课程与教学论流派。课程与教学论繁荣发展的重要标志就是出现了众多的课程与教学论流派。当然，正是有不同的哲学流派作支撑，才会出现各种不同的课程与教学论流派。哲学是有派别的，性质各不相同，既有唯物论、唯心论，又有辩证法和形而上学。不同哲学派别对世界、人生、知识和价值等有着不同甚至对立的观点，会直接或间接地作用于课程与教学论，使课程与教学论也具有不同的性质，促进了课程与教学论流派的形成和发展。简而言之，有什么样的哲学观，就有什么样的课程与教学论。第三，哲学的变革制约着课程与教学改革。课程与教学论的发展往往是在课程与教学改革的推动之下实现的。影响课程与教学改革深度与广度的因素有很多，除了社会政治、经济、文化条件以及课程与教学改革方案的可行性等外，哲学观念的更新状况也是一个非常重要的因素。在长期的历史发展变化中，正是由于一种新世界观的问世引起课程与教学观的更新，继而形成课程与教学的改革。新的课程与教学理论不可能在旧的哲学基础上建构起来，新的哲学观才会引起新的课程与教学理论。

（三）心理学基础

自教学产生开始，就与心理学产生了千丝万缕的关系。在课程与教学论的发展过程中，人们也总是尝试在人的心理基础上建立科学的课程与教学论体系。因此,以个体心理发展规律为研究对象的心理学就成为课程与教学论的一个基础学科。心理学的发展不仅促进了课程与教学论的独立,也提高了课程与教学论的科学化和繁荣程度。

1. 心理学对课程与教学论影响的历史轨迹

以人的心理活动为研究对象的心理学,自从产生之日起,就被有机地融入了课程与教学论之中。在课程与教学论的不同发展时期,心理学都发挥了较大的影响作用。

(1)萌芽时期

在古代,与其他学科一样,心理学也处于萌芽状态。人们还不能从总体上对人的各种心理现象有全面和深刻的认识,但许多先哲已经能将观察出的人们的种种心理活动进行分析,并在课程与教学过程中加以灵活运用。亚里士多德被公认为第一个将心理学引入教育领域的人。他按照儿童的年龄特征划分教育阶段,并为各个阶段设置相应的课程与教学。他还分析了各种心理官能,论证了灵魂的三个部分——植物灵魂、动物灵魂和理智灵魂,以及相对应的三种教育——体育、德育和智育。虽然亚里士多德的心理学思想还不能称为真正的心理学,但确实为后来的官能心理学奠定了基础。

(2)发展时期

由于古代的各方面发展水平还比较低,人们对心理现象也没有进行较为深入的分析,也不够重视心理学对课程与教学的作用。因此,在很长一段时期内,人们对课程与教学论的研究仍拘泥于哲学思辨的层面上。然而,进入近代以来,也就是课程与教学论真正形成以来,人们才开始真正注意到儿童身心特征在教育中的重要性。在这一时期,夸美纽斯与赫尔巴特的研究最有影响力。在夸美纽斯丰富的课程与教学思想中,从心理学角度进行分析与说明的内容也有很多。例如,夸美纽斯提倡教学要贯彻循序渐进原则,该原则就是建立在按照学生的年龄及其已有的知识进行教导的心理学基础上的。

(3)繁荣时期

心理学在成为独立的学科后,形成了诸多流派,其中行为主义心理学、认知主义心理学、人本主义心理学、多元智力理论,表现出同课程与教学论更为密切的关系,也为课程与教学论所要解决的各种理论及实践问题提供了更为丰富和具体的帮助。

概括而言,行为主义心理学的基本观点有以下几点:一是科学心理学所反映的对象只是能够客观观察和测量的外显的行为;二是多个个体的反应就是可知行为的整体;三是个体行为不是与生俱来的,而是受环境的影响被动学习而来的;四是对动物或儿童试验研究而得到的行为原则,可以推广为人的行为原则。行为主义强调心理研究对象是客观的、外显的行为，因此，课程与教学设计应强调目标的外显性。在行为主义者看来，制定目标是为了便于客观地评价，而不是表达理想的愿望，只有具体的外显的行为目标才是可以客观测量的。另外，由于行为主义者把刺激与反应作为行为的基本单位，学习就是要加强刺激与反应之间的联结，因此，课程与教学的目标就是要提供特定的刺激，引起学生的反应。基于这一点，课程与教学目标要精细、有层次，要按照由简单到复杂的秩序排列。斯金纳根据操作条件反射和积极强化理论提出了程序化教学，该教学要遵循小步子、积极反应、及时反馈、自定步调、低错误率的原则。20 世纪 60 年代后，许多国家推行程序教学。除此之外，以行为主义思想为基础开发出来的还有计算机辅助教学、自我教学单元、个别学习法等。这充分反映了行为主义者推崇教学设计。新行为主义重视反应后的强化，因此，在学习过程中，必须重视练习和强化，尤其是强化。这是因为强化的次数增多，则概率会随之增加。这要求教育者要在教学过程中重视对学生行为的反馈，并适时地予以强化。

20 世纪 50 年代中后期，认知主义心理学代替行为主义心理学占据了心理学领域的重要位置。认知主义心理学的首创者是瑞士儿童心理学家皮亚杰，后来经布鲁纳、奥苏贝尔、加涅等人在研究领域、方式、方法等方面的拓展和深化，形成了多种思潮和流派。认知主义心理学也对课程与教学论的发展产生了深远的影响。皮亚杰认为，人是一个发展中的开放认识系统，在适应外部世界的过程中，不断地同化外界信息，形成和营建自己的认知结构，同时又不断改变着认知结构自身以顺应外界环境。皮亚杰还用同化与顺应，以及两者之间的平衡等概念来解释人类认识的形式。其中，同化是个体对刺激输入的过滤或改变的过程；顺应是有机体调节自己内部结构以适应特定刺激情境的过程；平衡是个体通过自我调节机制使认知发展从一种平衡状态向另一种较高水平的平衡状态过渡的过程。在布鲁纳看来，学习不是简单的在强化条件下形成刺激与反应的联结，而是有机体积极主动地形成新的认知结构。奥苏贝尔认为，学习是通过同化将当前的知识与原来的认知结构建立实质性的、非人为的联系，使知识结构不断发展的过程。

认知主义心理学对学习的基本解释概括起来主要有以下几方面。第一，学习是一种内部发展的过程，是一种由同化和顺应交替发生作用，从而导致生理、心理从平衡状态到不平衡状态的循环过程。第二，学习是一种主动构建的过程，在这一过程中认知结构发挥着重要的作用。第三，学习是一种对信息符号进行分阶段加工的过程，而这种加工处理是学习者与环境的交互动态的过程。

自 20 世纪 50 年代中后期，认知主义心理学的基本原理被大量引入课程与教学研究后，课程与教学领域产生了巨大的变革运动。就课程与教学理念方面，在认知主义者看来，不论教学生学习任何科目，绝不是往学生心灵中灌输一些固定的知识，而是使学生形成知识的结构及构造知识的能力。因此，认知主义的课程与教学理念就是促进学生在认知结构的形成过程中发展认知。就课程与教学内容方面，布鲁纳指出："每一种知识领域（学科）都存在着一系列的基本结构。不论我们选教什么学科，务必使学生理解该学科的基本结构。"所谓学科的基本结构，就是一门学科中的规律性的东西，表现为公式、定义、原理、法则等，它们具有"广泛而又强有力的适用性"。就课程与教学内容的编排方面，布鲁纳主张采取"螺旋式"编排课程与教学内容。所谓的螺旋式，就是指以与儿童的思维方式相符合的形式尽可能早地将学科的基本结构置于课程的中心地位，随着年级的提升使学科的基本结构不断拓宽与加深。这种编排方式不仅能够保证"直线式"编排的优点，而且能够继承圆周式编排方式，便于将学科的知识结构与学生的认知结构统一起来。就教学方法方面，认知主义者特别注重学生在学习中的主动性，因而提出了发现学习与探究教学论。布鲁纳精辟地论述了发现学习的精神实质，为之提供理论基础，并使之在课堂教学中成为最重要的学习和教学方法。

人本主义心理学产生于20世纪五六十年代的美国，主要代表人物是美国心理学家马斯洛和罗杰斯等。从20世纪70年代开始，人本主义心理学开始在教育界盛行，且一度出现要求改造传统教育模式的人本主义教育思潮，这种思潮对传统的学校教育产生了极大的冲击，给课程与教学研究带来了重要的影响。人本主义心理学认为，传统心理学存在着严重的贬低人性和非人性化的倾向，主张心理学的研究要有助于人的价值与尊严的提高，应该探讨的是完整的人，而不是把人的各个从属的方面，如行为表现、认知过程、情绪障碍等割裂开来加以分析。人本主义心理学基础上的课程与教学论，在目标上以促进学生完整人格的发展、独特潜能的发挥以及达成自我实现的目的为核心。这就要求课程与教学要促进人的各种潜能充分发展，满足人的多层次的心理学需要，进而造就人格更为健全、发展更为均衡的"完整的人"。人本主义课程与教学十分强调课程内容的真实性、适切性与整体性。其中，适切性是人本主义课程与教学论选择内容的基本原则。所谓适切性，即课程与教学内容要适合学生学习的兴趣、能力和需要，要与学习者的生活经验和社会状况密切相连。人本主义者认为，知识对于学生是否具有个人意义，决定了学生对知识的理解和保持程度，因此，课程与教学内容的选择应多考虑引导学生去寻找知识的个人意义。在课程与教学内容的组织上，人本主义心理学注重"统合"，即学习者心理发展与教材结构逻辑的统合、情感领域与认知领域的统合及相关学科在经验指导下的统合。课程与教学内容只有注重这些方面的统合，才能适应学生多方协调、整体发展的需要。人本主义课程与教学推崇"以学生为中心"的课程实施理念、"非指导性教学"模式以及发现教学法。"以学生为中心"的教学，在克服教师中心、学科结构主义及提高学生尊严、重视学生知情并重发展方面做出了贡献；"非指导性教学"模式把教学过程的性质规定为学生内在经验的形成与生长，突出学生在教学过程中的主体地位；发现教学法强调学生的学习过程及其内在学习动机，强调教师在教学中鼓励学生自己去发现问题、回答和解决问题。科学评价能够很好地促进学生自我发展。人本主义者基于这一认识，推崇自我评价这一促进性内部评价方法，让学生主动参与学习过程和评价过程。此外，人本主义还主张采用灵活多样的课程与教学评价方法。

1983 年，美国哈佛大学心理学教授加德纳在其《智能的结构》一书中提出了"多元智能理论"，极大地推动了世界各国的课程与教学改革。在该书中，加德纳指出，人类的发展实际上就是智能的发展，而智能的内涵是多元的。人主要具有七种不同智能，分别是语言文字、数学逻辑、视觉空间、身体运动、音乐旋律、人际关系和自我认知。在加德纳看来，上述每一种智能都是一个单独的功能系统，这些系统可以相互作用产生外显的智力行为。这些智能是全人类都能够使用的学习、解决问题和创造的工具。多元智能理论为全面而多元的课程与教学目标提供了新的理论支点。多元智能理论者认为，人的智力领域是多方面的，人们在解决实际问题时所需要的智力也是多方面的，现实生活需要每个人都充分利用多种智力来解决各种实际问题；每一个学生的智力都各具特点并有自己独特的表现形式，有自己的学习类型和学习方法。由此观点得出，学校教育的宗旨应该是开发多种智能并帮助学生发现适合其智能特点的职业和业余爱好。多元智能理论者强调课程与教学内容的综合化。加德纳认为，如果一个人想获得深度的了解，势必要超越单一学科的范围，采取跨领域的研究方式。因此，多元智能的课程设计一般以主题、项目、课题为核心进行多学科知识的统整，同时，还注意适应学生不同的学习风格。多元智能理论认为，评价与课程及教学互相交错，互相促进，评价应在课程实施的具体情景中进行。这说明多元智能理论倡导评价的过程性。

2. 心理学对课程与教学论的影响

在课程与教学论的发展过程中，心理学不仅对课程与教学论有着直接的、具体的影响，而且心理学的发展还促进着课程与教学论的繁荣发展。

课程与教学论的基本要素主要指课程与教学目标、课程与教学内容、课程与教学实施,心理学直接影响着这些基本要素。例如,心理学影响课程与教学目标的确立与分类,影响课程与教学内容的选择与组织,影响课程与教学的实施。

心理学的发展促进课程与教学论的深入发展。在相当长的时期内,课程与教学论相关问题的建构主要是参考和运用了学习心理学的研究成果,较多地考虑了不同心理学派别的学习理论的合理性。学习心理学的相关理论虽然为课程与教学论的研究提供了一定的依据和基础,但是,由于不同心理学派别的学习理论主要是对人类学习的一般模式研究和探讨的结果,是对千差万别的人类学习方式的抽象概括,因而,课程与教学论往往带有明显的成人化和理想化特点,容易表现出脱离学生实际的弊端。然而,随着发展心理学的出现和成熟,学习心理学所带来的弊端逐渐得以改变。发展心理学指出,儿童的学习和认识与成人有着显著的区别,这种不同不是简单地表现为儿童与成人之间的学习和认识程度差异,而重要的是表现为他们之间学习和认识方式的不同。在个体发展的过程中,既有由低到高的连续性的一面,又存在着彼此相异的发展阶段。在这些不同的发展阶段上,个体应当以不同的方式学习和认知。这一认识促使课程与教学论获得了比先前更为科学和丰富的理论基础。

总的来说,课程与教学论的深化发展离不开心理学理论基础。心理学的一些研究取向为课程与教学论的研究提供了一些较为成熟的观点和重要的方法,心理学的许多研究成果则直接促进了课程与教学论的发展。

第三节　课程与教学论的发展趋势

一、扎根实践:课程与教学论学科发展的根基

对课程与教学理论工作者而言,要想推进课程与教学理论的进一步发展,就必须要把实践作为入手点,对课程与教学实践进行深入的了解,多和实践工作者进行接触和合作。真正的课程与教学思想应溯源于课程与教学研究者"自身的体验"。毫无疑问,对于理论的产生来说,"实践感"是非常重要的。所以,从课程与教学理论创生的逻辑来看,研究者一定要在当下的课程和教学实践中仔细地进行观察、归纳和总结,一方面要从自身所拥有的经验中提炼和升华,另一方面要让自身已有的理论资源互相渗透,只有这样,才有可能创造出焕然一新的课程与教学理论。理论必须牢牢地扎根于现实

才能够焕发出生机和活力。

二、扎根本土:课程与教学论的中国化

课程与教学作为一项实践活动不是在真空中进行的，而是在特定的社会背景和文化环境中进行的。超越自身所处文化传统和文化环境的教学活动是不存在的。改革开放以来，我们引进了许多西方所谓“先进”的课程与教学理论，但是真正应用于我国实际课程与教学活动中的并不多，其重要原因之一在于我们过于乐观地把课程与教学活动当成了独立于文化传统、独立于人而存在的，缺乏对课程与教学活动赖以存在的文化背景和文化环境的前提性分析和批判，没有深入考察我们是否具备应用这些理论的土壤。如果事前没有做好充分的考虑和准备，而且也不对其进行适当的改造就急于移植和引进，那么，结果一定是失败的。

三、课程与教学论学术研究群体不断壮大

随着教育改革发展的需要，课程与教学论现今已经逐渐摆脱了沉重的经验论桎梏，逐渐成为一门具有严密科学规定性的、有着基础理论学科群的、具有可操作性的科学，其研究群体不仅包括原有的高校与教育科研机构课程与教学论领域的资深学者、教学实践领域中的各学科教师，还包括一大批攻读教育学及课程与教学论硕士学位与博士学位的研究生。随着我国基础教育课程教材改革的不断推进，以及教育学理论研究重心的不断下移，越来越多的研究生将研究方向对准了课程和教学领域，使得课程与教学论研究队伍呈现逐步壮大的趋势。

新一轮基础教育课程改革的推进，为课程与教学论提供了丰富的研究空间。我国课程与教学论研究者们分别对课程与教学论学科体系的理论研究以及课程与教学论众多新的分支领域进行了理论和实践问题探究，形成了初具规模的课程与教学论研究学科群。在课程研究领域中除了对课程设计、编制、实施、评价和管理等进行研究外，还关注国外课程发展与改革的最新动态以及课程流派的研究、关注课程研究领域中不同的课程形态的研究。①

① 陈宁，黄翔．课程与教学论学科发展的机遇与挑战[J]．重庆师范大学学报(自然科学版)，2008(4)．

第二篇 课程与教学论的构建

第三章 课程与教学的目标构建

课程与教学目标是课程与教学论的基本问题之一。作为课程与教学活动的开展前提，课程与教学目标是所有教育工作的出发点和最终归宿。本章主要从内涵、确定以及设计等方面入手，对课程与教学的目标构建进行分析研究。

第一节 课程与教学目标的内涵分析

一、课程与教学目标的概念

（一）课程与教学目标的含义

课程与教学目标又称作课程与教学目的，是课程与教学活动所要达到的基本要求，是课程和教学活动的实施标准和最后要达到的质量规格。它是教育目的和培养目标的具体化，是课程与教学的设计、实施和开发过程的依据和出发点，也是课程与教学活动过程的归宿。它体现了一定时期的人们对课程与教学价值的基本追求。

（二）课程目标与教学目标的联系与区别

课程目标有广义和狭义之分。广义的课程目标并不是上述所说的总目标，而是指教育方针、教育目的、培养目标、课程教学目的、教学目标之和，如图 3-1 所示。狭义的课程目标也不是分科目标，而是从比较具体的视角来定位教育与学生的关系，简单来说就是教育目标，如图 3-2 所示。

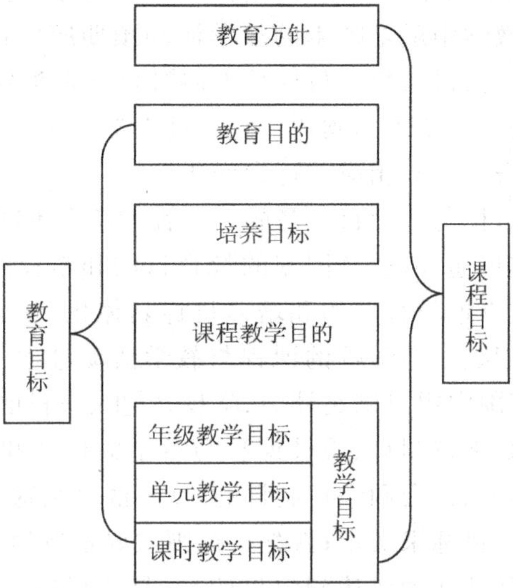

图 3-1　广义的课程目标[①]

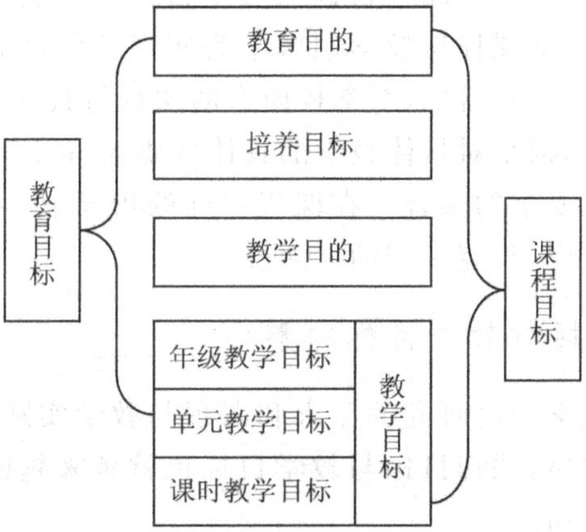

图 3-2　狭义的课程目标[②]

对课程目标的认识是基于对课程的理解，虽然对课程的理解具有多样性，但在教育实践中将课程作为经验或活动或内容的认识都存在。不过，在学校教育这一领域，无论是经验、活动还是内容，实际上都是学校为学生提供的经验，这种经验既有活动过程本身（即经历），也有活动展开的内容和活动获得的结果。

---

① 靖国平，邓银城．课程与教学论教程[M]．武汉：华中科技大学出版社，2012：34.

② 靖国平，邓银城．课程与教学论教程[M]．武汉：华中科技大学出版社，2012：34.

教学目标是为完成课程目标，通过教学来达到的基本要求，是课程目标的具体化，反映在教学中就是师生的教学活动预期所要达到的学习标准和结果。作为一种行为目标，教学目标是人们对教学活动结果的一种期待，是对学习者应达到的教学要求的阐述。它通过教学活动完成课程目标提出的要求，以期在学生身上引起相应的行为变化。

事实上，课程目标与教学目标是同一过程的两个不同环节，都是教育目的和培养目标的实现途径，都是国家的教育目的和学校的培养目标的实施过程。课程目标负责把教育目的和培养目标具体化，教学目标则负责把课程目标具体化，它们统一在学校的课程与教学活动过程中。课程目标与教学目标在各自的范围内提出满足社会、学校、学生、学科的发展要求，是学校工作的出发点，也是学校制订、设计课程与教学的标准和依据。不同的是，课程目标往往是国家、社会和学校制订的，反映的多是这三者培养人的价值追求，它要通过教学目标来实现；教学目标则主要是教学工作者特别是教师制订的，是指师生互动活动要达到的目的，它是课程目标的具体化，制订教学目标又必须以课程目标为依据。

从一定意义上可以说，课程目标与教学目标是一般与特殊的关系。课程目标是一般目的，是课程与教学领域中为实现教育目的而提出的总体性要求，是课程与教学的总目标，对学校所有的课程与教学活动都具有普遍的指导意义；教学目标则是对具体教学的具体性要求，是课程目标的客观要求与具体教学的主体要求的融合。在课程目标的指导下，可根据教学的实际需要进行调整和改变，具有一定的灵活性。

（三）课程目标与教学目标的整合

随着课程与教学理论研究的深入和课程与教学实践的深化，课程与教学的整合越来越明显，课程目标与教学目标也就越来越密不可分。这主要体现为以下两个方面。

第一，从上面对课程与教学目标的分析来看，课程目标与教学目标是抽象与具体的关系，或者也可以把课程目标当作内容，把教学目标当作过程。它们实际是一件事，是一个整体，只是为了分析研究才把它们分开。

第二，从课程改革来看，课程不再是脱离教育情境之外的书面文件，而是师生在教育情境中相互作用共同生成的教育事件，通过这些事件师生共同构建课程与教学的内容与意义。这时，课程不只是存在于制度、文件、计划和书本中，更存在于教师和学生的经验中，存在于一个个生动的教育情境中。课程与教学活动由师生共同生成，达到了内容与行为、目的与手段、方法与形式的统一。因而，许多学者干脆不分“课程目标”与“教学目标”，而统称“课程与教学目标”。

课程与教学的整合与统一，客观上要求课程目标与教学目标的制订和实施必须充分发挥教师和学生的主体地位，考虑到实施中师生的互动生成，把内容与过程统一起来，实现课程目标与教学目标的整合。

二、课程与教学目标的特点

（一）质量和数量的统一

科学地制订课程与教学的育人目标，必须要有质量和数量两方面的规定和要求。质量是课程与教学活动所应达到的培养人的基本规格和要求；数量是质量可操作和实施的具体化、数量化描述。质量和数量是课程与教学目标的两个方面，是目标的两种不同的表征形式。

（二）继承性与发展性的统一

处在不同的历史发展时期，以及面对学生不同的成长阶段，所提出的课程与教学目标是不同的。然而，不同历史发展时期和学生成长的不同阶段的课程与教学的目标却是相互联系的，具有一定连续性和前后继承性。另外，课程与教学目标会随着社会历史和时代的发展而不断创新，同时，对未来一定时期内课程与教学实践活动起着指导和预知作用，体现出课程与教学目标的发展性。

（三）层次性和整体性的统一

课程与教学目标的层次性主要表现于它既要反映时代、社会和学校的要求，又要反映学生的发展要求，还要反映教师进行课程与教学活动的要求。于是，课程与教学目标也就必然分成宏观、中观、微观目标，学科、单元、课时目标等各种类别和多个层次。即使在同一类别里，由于学生发展的规律和知识内在的逻辑要求，在实施课程与教学目标时也必须分成若干层次分步进行。然而，所有这些层次目标之间不是彼此毫无联系的，而是相互关联、形成一个有机结合的整体，即为课程与教学目标的整体性。上述的那些层次目标整体地实现了国家的教育目的和学校的培养目标，分步完成国家、社会、学校和学生提出的要求。

（四）主观性与客观性的统一

课程与教学目标是由实施者设计的，反映的是实施者的知识、思想和价值观,带有实施者的主观色彩,在形式上是主观的。但任何目标的设计都不能脱离客观实际,更不能脱离学科知识的实际,不能脱离学生发展的实际。因此,课程与教学目标在内容上是客观的。

三、课程与教学目标的功能

(一)导向功能

课程目标总是指向某种结果,它引导着课程设计与教学活动的开展,规定着课程内容的选择和组织,有利于教师在教学过程中加工教学材料,选择教学方法,把握教学进程,做好教学评价,以避免教学重点、难点的偏移。为了实现这一功能,教师首先应判断什么知识最有价值应以课程目标为重要依据。其次,由于目标反映了特定的教育价值观,所以,从某种意义上来说,课程目标也决定了课程组织的分类。例如,把课程组织分为必修课程、选修课程,或者分为分科课程、综合课程,或者分为学科课程、经验课程,等等。

(二)评价功能

评价贯穿于课程设计与教学活动的所有环节。依据课程目标,可以对教科书的内容、范围及其难度进行评估。参照课程目标可以对教学过程及结果进行客观的评价,判断课程方案与教学活动的效果及水平,评价学生的学习质量,包括学生的学习过程、学习态度、学习成绩与能力发展的进步和变化。

(三)调控功能

课程目标可以纠正课程设计与教学活动的偏差,提高课程设计与教学活动的效率。教学材料的编写、教学程序的设定、教学方式手段的选择等工作均受到课程目标的制约。课程目标不仅对教材编写具有指导作用,同时,也有助于规范教师的教学设计、调整教学过程,从而激发学生的动力。

四、课程与教学目标的基本取向

对目标的价值取向的阐述,有利于我们弄清要不要制订课程与教学目标以及要制订怎样的课程与教学目标。教育价值观不一样,人们对教育的结果就会有不同的追求,就形成了不同的课程与教学目标价值取向。如果从课程与教学的服务方向及其价值选择不同来看,依次就有社会本位、个体本位、文化本位的课程与教学目标价值取向。如果从课程与教学目标所采用的形式来说，主要有“生成性目标”“表现性目标”“普遍性目标”“行为性目标”四种课程与教学目标价值取向。这里我们要讲的“取向”主要是指课程与教学目标所采用的表达形式，并不是研究课程与教学目标的本质内容。

（一）普遍性目标取向

教育的基本指导思想和方针就是普遍性目标取向。普遍性目标取向把一般的教育宗旨和原则等同于课程与教学目标。持这种观念的人认为，任何学校或教育活动都必须以教育的基本指导思想为出发点和依据，教育目的或教育方针本身就是一切活动的目标。他们认为，学校的培养目标也只是教育目标的具体化，教育目的才是教育活动的根本出发点和归宿。在设计与开发课程、实施教学时，他们仍倾向于以一般的教育宗旨为指导，注重的是一般的教育宗旨和原则；在课程设置与教学过程中也相应地注重全面性，注重创新与实践，适当淡化学校的培养目标和课程与教学的具体目标。

普遍性目标的含义较宽泛，外延较丰富，因此，显得模糊不彻底，在执行过程中灵活性较大，随意性较强，有较大的自主空间。普遍性目标由于宏观性较强，在课程与教学过程中实施较困难，不易操作，因此，它往往只能作为一种指导思想或理念，渗透在课程与教学的实践中。

（二）表现性目标取向

表现性目标取向是指每个学生在具体的教育情境中通过师生之间、生生之间的相互作用而产生的个性化表现目标。在具体的教育情境中，师生与各种教育影响进行着交互作用，表现千差万别，主动与被动、深刻与肤浅、全面与狭窄并存，这就使得学生的发展各不一样，教育者所关注的这一目标就是表现性目标。因此，表现性目标所追求的不是在同一要求下学生的共同反应与发展，而是在交流与相互作用中学生的个别反应与发展。它也不是预设的目标实现，而是在某种实践活动过程中获得的结果。

表现性目标的提出者是美国学者艾斯纳。艾斯纳认为，表现性目标强调学生的个性发展和创造性表现，强调学生的自主性和主体性，尊重学生的个性差异，指向人的自由与解放，其本质是追求“解放理性”。与旨在使学生掌握现成的文化工具的教学性目标不同，表现性目标旨在培养学生的创造力，使学生的个性、主体性等得到充分的发挥，它明确规定了学习者在教育过程中要从事的活动任务、要处理的问题以及作业等，却不规定学习者要从中学到什么。也就是说，表现性目标的结果是开放的，适合于那些复杂的、创造性的智力活动。

表现性目标强调在课程与教学过程中，激励学生张扬个性、充分展示自己的才干；强调学生通过对生活的实践、体验与领悟，展现自己的思想、知识、技能与水平，实现自己的价值和追求，特别重视学生主体地位的发挥。

然而，表现性目标是无法表述、无法预知与控制的，学生的相互作用也是盲目与任性的，他们在各种活动中自由地表现时是否获得了他们发展所需要的东西也难以预料，且不适合大多数学科。而且这种依靠学生的兴趣、需要任由学生发展的方式，也不利于学生系统知识的获得与快速成长。在班级授课的情况下，它显然是不能保证每个学生得到充分的发展。

（三）生成性目标取向

生成性目标取向是指在教育情境中师生共同活动而自然产生的课程与教学目标。教育情境是复杂多变的，教育活动是人的活动，是以师生为主体的活动，它是有生命力的，不是机械的。师生在教育情境中会随机应变，会油然而生一些他们认为有用的东西，会抓住瞬间相互促进与发展，这也就是生成性目标，它具有随机性、创造性和灵活性。生成性目标强调不要用外在事先预设的目标来束缚师生的行为，而应该创造条件让师生在课程与教学的进程中自动生成。它注重的是教学过程，强调在教育情境和问题解决中形成课程与教学目标。生成性目标取向既不是外加的，也不是预设的。

生成性目标最初源于杜威的“教育即生长”观点。他认为，课程目标是教育经验的结果，教育作为儿童经验的改造过程，其目的与改造本身是重叠的，要真正促进儿童的健康成长，就要将教育目的融入整个教育的全过程中。杜威在其名著《民主主义与教育》中说：“最好提醒我们自己，教育是没有什么目的的。教育的目的随着儿童经验的生长而不断改变。即便是最有效的目的都是有害的，除非我们认识到对于教师而言这些目的并不是目的，而是一些建议，告诉学生如何观察事物，如何展望未来，如何在具体的环境中选择释放和引导自己的潜力。”这样，课程目标就成为引导现在的生长和发展的手段，它是从各个特殊的现实状态中自然生发出来的。

生成性目标的优点是强调师生在教育情境中，通过相互交流与合作产生自己的目标，通过共同解决达到目的。生成性目标看到了教育过程的复杂性、生成性，从目的的内在性出发，认为目标内在于课程实施过程，不是预设的、外在的，它重点考虑学生在学习过程中的兴趣变化、能力形成以及个性发展，有利于学生主动性、积极性的发挥和个性的完善。

但生成性目标也有不足之处，它对教师教学能力和水平要求较高。同时，如果完全抛开预设的教学目标随机生成课程与教学目标，会对教师的教学方法选择、教学时间控制、教学过程的组织提出严峻的挑战，对教学任务的完成也很难把握。此外，在漫无目标的教育情境中，由于学生之间的差异性，学生究竟学到的是什么也很难预料，有时与初衷相去甚远，这样就很不利于学生的发展。

（四）行为性目标取向

行为性目标取向就是将教学过程结束后学生的行为变化为指向，将具体的、可操作的行为视为课程所要达成的结果。这一取向认为，课程目标越具体就越易操作，实施起来就更容易，从而使目标完成的可能性更大。像普遍性目标那样较抽象、太含糊，不仅不易落实，反而容易使课程目标落空。例如，“通过阅读教学培养学生的分析能力。”这是一个含糊的教学目标，不可能给教学及评价提供具体指导。因为学生分析能力的培养不是一个教学单位能完成的，它必须经过教学积累逐步培养。

行为性目标的优点是它的具体性和可操作性，这种具体性和可操作性克服了普遍目标的含糊性、不确定性，使课程目标向科学化迈出了重要一步。教师和学生在教育活动中更易操作和控制自己的行为，教学技能水平更高。

但教育情境是复杂多变的，很难具体化，其弊端也日趋明显，包括三个方面。第一，人的行为具有很大程度的不可预知性，而“行为目标”取向对课程开发、教学设计、人的学习过程都有所控制，这就等于把课程开发、教学设计、人的学习过程变为一个可预先决定和操纵的机械过程，泯灭了课程实施过程中的创造性、人的学习的主体性。第二，人是不能被具体化的，而行为性目标则追求目标的精确化、具体化，试图将人的高级心理能力和素质分解开来培养很可能南辕北辙。第三，人的价值观、情感、态度、审美情趣等许多高级心理素质都很难用外显的、可观察的行为来预先规定并使之具体化，如果强行将这些高级心理素质完全用可观察的行为具体化，很难揭示出什么东西，反而要掩盖更多。

上述四种目标取向，前面两个目标取向适合正式课程，因为它们强调的是控制课程，强调社会与教师的预设目标；后面两个目标取向则适合非正式、潜在的课程，因为它们强调的是发展学生的个性、发挥学生的积极主动性。这几种教育价值目标取向各有利弊，但都从不同的角度揭示了不同的教育价值目标，都是有益的探索。教育情境不一样，适应的条件就不一样。我们应根据具体的课程与教学情境做出选择。

第二节　课程与教学目标的确定

一、确定课程与教学目标的依据

课程与教学目标的制订从属于教育目的和教育目标的制订。可以说，教育目的与培养目标的制订依据就是课程与教学目标的制订依据，它包括社会发展的实际需要、教育目的、学生发展的实际需要、学科知识发展的客观要求，还有教学内容。

(一)社会发展的实际需要

学生的受教育过程就是一个社会化的过程，学校教育的重要任务就是培养学生成为社会所需要的人。因此，社会发展的实际需要是课程与教学目标的重要确定依据。美国教育家泰勒将社会生活的需求分为健康、家庭、娱乐、职业、宗教、消费和公民这七个方面。每种社会生活领域都有其特定的需求，这就为人们制订课程与教学目标提供了重要的参考。

(二)教育目的

制订课程与教学目标要依据对教育目的的全面理解和正确解读。教育目的是对人才培养规格的总体要求。它从总体上对人的社会价值和身心素养做出了明确的规定，是国家需要和社会生活需要的总体反映。课程与教学目标是教育目的的具体化，是对教育目的的全面理解和正确解读，能够准确把握方向，明确社会生活对人的要求，有利于对课程与教学目标进行总体规划。

(三)学生发展的实际需要

教育是培养人的实践活动，学生的成长与发展是一切教育活动的出发点。课程与教学作为实现学生成长与发展的基本途径，必须研究学生发展的实际需要，这样才能很好地促进学生的成长与发展。了解学生发展的实际需要，前提是对学生背景进行充分的了解和悉心的研究。学生背景是指学生的现实状况和学习准备。学生的现实状况主要包括学生的身心特点和学习需要、社会性特征等；学生的学习准备主要包括学生学习的认知准备。所有这些因素都是制定课程与教学目标的重要依据。

1. 了解学生的身心发展特点

对学生身心发展特点的认识要弄清不同年龄阶段学生的不同特点与要求。学生年龄阶段不一样,其需要就不一样,发展任务也不相同。在一定的年龄阶段,学生身心发展的总体情况基本一致。反映到课程与教学目标上,表现为对同一阶段学生一致性的基本要求。不同年龄阶段的学生,其身心发展具有相对的独立性,对此,教师要很好地研究与探讨,以学生的身心发展特点作为制订课程与教学目标的依据。

2. 了解学生的学习需要

学生的学习需要是指作为一个整体人身心发展的学习需要,它涉及认识发展的需要、情感发展的需要、个性发展的需要,直接影响学生的学习兴趣,乃至学习动机。对学生学习需要的研究,有利于确定课程与教学的起点,有利于把握课程与教学目标的难度。

3. 了解学生的社会性特征

学生的社会性特征是指学生的学习兴趣、学习态度、学习习惯、学习方法及学生集体的学习风气等方面的特征。对学生社会性特征的研究,可以有针对性地激发学生学习兴趣、端正学习态度、纠正学习习惯、掌握学习方法和培养学生集体积极上进的学习风气,有助于结合学生的社会性特征确定到位的课程与教学目标。

4. 了解学生学习的认知准备

学生学习的认知准备主要指学生后续学习的知识准备和认知能力准备。学生后续学习的知识准备就是前期知识的准备状况。任何新知的学习都是建立在一定的前期知识基础上的,是前期知识的延伸、发挥和发展。学生的认知能力主要指学生在理解、记忆、思维等能力方面的成熟度,它直接影响学生是否可以并且能够完成新的学习任务、达成新的目标。对这一学生背景的研究,有助于寻找和确定教学目标的起点。

需要指出的是,每一个学生的受教育程度、家庭背景、遗传素质和社会文化环境都是不大相同的,其在智力发展水平、知识经验、性别、学习兴趣、学习习惯、个性等方面也都普遍存在着差异,这就要求课程与教学目标要对学生提出多样性的要求。

(四)学科知识发展的客观要求

教学活动是通过学科知识的传递来进行的,因此,学科知识及其发展水平应成为确定课程目标的重要依据。所谓学科知识，即学科的基本概念、逻辑结构、探究方式、发展趋势以及与其他分科的联系。当我们把学科知识作为课程与教学目标的依据时，应弄清学科的功能。

学科知识有一般功能和特殊功能。一般功能就是培养人适应所有领域的能力；特殊功能就是培养人专门化研究领域必备能力。在制订课程与教学目标时，人们常常重视特殊功能，而忽视一般功能，使得学生的学习又专又窄，很难适应丰富多彩的社会生活。

（五）教学内容

制订课程与教学目标，还要依据对教学内容的准确分析和深入钻研。对教学内容的分析和钻研，主要集中于对学科和具体的课堂教学内容的分析研究。

1. 对学科内容的分析和研究

对学科内容的分析和研究，主要是对学科本身的性质定位的分析和理解，并将其作为指导思想贯穿于具体内容的目标确立中。例如，语文课程的学科性质被定位于“工具性与人文性的统一”，并以此作为确定课程与教学目标的指导思想，这就要求课程与教学的目标要始终体现语文的工具与人文价值。

2. 对具体的课堂教学内容的分析和钻研

对具体的课堂教学内容的分析和钻研，主要是对学科具体内容的内在关系的分析研究，涉及教科书具体的模块、篇章，全面获得教学内容承载的目标信息，即既要从整体上了解教学内容的组成、主题思想和核心精神，又要从细部把握在知识与技能，过程与方法，情感、态度与价值观等方面的具体教学内容。对教学内容的分析和钻研使教学目标的确定既有整体的思想统摄，又有具体的内容支撑。

在上述内容中，教育目的、学生背景和教学内容是确定课程与教学目标的现实依据。然而在实践中，要制订适当的课程与教学目标，还需要编制者本身的能力。只有编制者具备了应有的能力，才能正确理解和解读教育目的，充分了解学生，正确分析教学内容并把握其精髓，有效地综合各种条件的作用，最终设计出较理想的课程与教学目标。

二、确定课程与教学目标的过程

明确课程与教学目标的条件和原则是确定课程与教学目标的前提，而要在基本原则的指导下确实地设计出课程与教学目标，通常需要经历如下基本环节。

（一）确定目标取向

这里的取向是指课程与教学目标的内容取向，一般有社会取向、学生取向和学科取向。

社会取向是指课程与教学目标忠实于社会的需要，致力于促进社会的发展。

学生取向是指课程与教学目标忠实于学生个体的需要，致力于促进学生个体的发展。

学科取向是指课程与教学目标忠实于学科内容，重视学科的内容体系。

确定课程与教学目标取向，就是要综合三种取向，借助学科内容，通过促进学生个体的发展而推动社会的发展。

（二）确定目标内容

此环节是要经过以下一系列的分析活动，确定课程与教学目标的内容构成。

1. 明确教学任务

综合教育目的的要求、学生需要和学科内容的特点，明确课程与教学目标的内容领域。

2. 分解教学内容

在明确目标的内容领域基础上，就各领域内容进行上下位的具体分解，寻找课程与教学目标体系中较为具体的目标。

3. 分析教学内容

在确定单元教学目标基础上，结合具体课时的教学内容，采用逆推法进行教学内容分析，确定课时教学目标，逐层推及，直至教学的起点。

（三）整理和组织目标

此环节是对上一环节确定的还比较庞杂的目标内容加以整理和组织，形成具有层次性、系统性的目标整体。这种整理和组织主要包括以下活动。

1. 确定起点目标

确定起点目标涉及对学生的社会性特征、预备技能和目标技能的分析。了解学生的社会性特征，有助于分析学生可能的学习结果；将学生已有的预备技能同将要达成的目标技能相比较，有助于发现二者之间的联系，预期学生可能产生的学习结果。两种学习结果的综合就可以确定为起点目标。

2. 组织目标

组织目标是在分析各项目标关系的基础上，将各项目标组合成具有一定结构关系的目标体系。目标体系是与目标层次相对应的。培养目标的对象不一样，一定社会的要求不一样，目标达到的层次、程度等就不一样，目标体系从而也就呈现出有先有后、有轻有重、有近景有远景的多元化体系。具体而言，组织目标就是理清各目标之间或平行、或先后、或递进、或相对独立的关系，将其组合成或并列、或连续、或递进的整体目标。这有助于课程与教学目标有计划、有条理地实现。

（四）表达目标

确定课程与教学目标的最后一个环节就是表述目标。课程与教学目标落实到最具体的教学目标时就是学生学习结果的行为目标，目标表述是否得当，影响师生对目标的把握和转化程度，影响课程与教学评价。表述课程与教学目标的一般要求就是，课程目标表述相对概括和全面，指导该课程所有教学的目标编制；教学目标表述要明确、具体，可见、可测和可操作。

第三节　学期与单元教学目标的设计

一、学期教学目标的设计

（一）学期教学目标设计的基本要求

由于制约课程与教学的因素比较多，而且相互之间关系复杂，因此，从指导思想的意义上需要我们在设计过程中必须处理好各种关系，贯彻一些基本原则。上面讲到学期教学目标的设计要依据国家颁布的《基础教育课程改革纲要（试行）》和课程标准，结合地区、学校的实际情况，对学生进行现状分析，深入到设计学期教学目标的具体过程中。为了把握好课程与教学目标的内在特性，使设计出来的课程目标是科学的、系统的和可行的，还应该遵循以下几个基本要求。

1. 系统性

系统性要求根据课程与教学目标的系统特性，用系统的方法来设计学期课程与教学目标。

首先，从课程与教学目标及其设计的关系看，要把握住课程与教学目标的纵向关系。在进行学期课程与教学目标的设计时，要满足上位目标对下位目标的要求，充分实现各层次目标的连续性和递进性；要充分发挥学期教学目标对单元教学目标和课时教学目标的指向性和引导性作用。

其次，在课程与教学目标的设计中，要综合考虑和分析教学系统的七要素（教师、学生、课程、方法、环境、目的和反馈）以及它们之间的关系。

2. 层次性

学期课程与教学目标的层次性有两方面的含义：其一是课程目标系统的层次性，高层次目标是通过较低层次目标的达成而实现的；其二是某一特定的课程目标所要求的学习内容的层次性。学期课程与教学目标的设计要体现这种由低到高逐次递进的不同认知水平，反映出由知识转化为能力，并逐步内化的要求。

（二）学期教学目标设计的步骤

学期课程目标设计要解决教什么（或学什么）、达到什么水平的问题。因此，要做好分析学生、分析教学内容、明确学习水平、确定教学目标的取向、编制双向细目表等几项工作。

1. 分析学生

学期教学目标设计应建立在学生分析的基础上，以学生的需要、学习能力和条件为依据。学生的需要制约着教学目标设计的必要性，学生的学习能力和条件，决定了教学目标实现的可能性。对学生学习需要的分析是一个系统的调查研究过程。首先，要确定学习者的学习现状，以及学习者学习的理想状态，即所期望达到的结果；其次，要确定两者之间的差距，即分析出学习者在学习中的问题所在；最后，在此基础上确定针对问题的教学目标。

2. 分析教学内容

要确保教学目标的实现，必须有合乎目标的教学内容。学期教学内容既可以分为章、节、目、点等层次，又可分为单元、课时等层次。在学期教学目标的设计中，一般以单元教学内容作为学期教学内容的基本组成单位。把学期教学内容分解为单元教学内容要遵循以下步骤。

第一，学期教学内容的组织与选择。进行教学内容的选择，进一步根据学生和其他背景确定教学内容的重点和难点。

第二，编制教学单元。依据一定的原则把学期教学内容分为若干个教学单元。具体编制方法将在后面详细介绍。

第三，进行教学单元的排列。有的课程中各教学内容相对独立，就可以将教学内容按某种标准组成单元，各单元是平行的，在顺序上可以调换位置。在有些课程中，一些教学内容是另一些教学内容的基础，需要根据阶梯递进要求将这些教学内容组成不同单元，然后排出顺序。这个顺序不能随意改动。而在另外的课程中，各教学内容有的是相对独立的，有的是有前后关系的，我们同样可以将教学内容按要求组成单元，形成平行式和阶梯递进式结构。以上三种关系可以用图 3-3 表示。

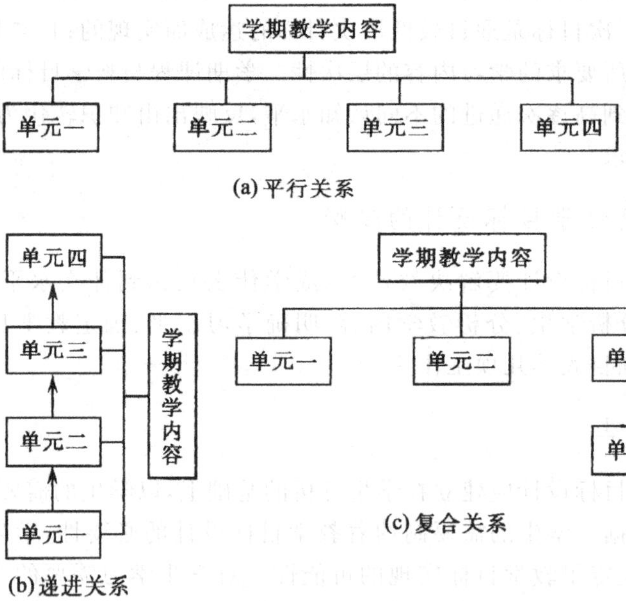

图 3-3　单元之间的三种基本关系①

3. 明确学习水平

在教学目标设计时，教师要根据学科课程标准和单元教学内容以及学

① 王嘉毅．课程与教学设计[M]．北京：高等教育出版社，2007：104.

生的现状选择适当的学习水平。

4. 确定教学目标的取向

前面已经说过，以课程与教学目标所采用的形式（取向）为标准，可以把课程与教学目标分为普遍性目标、表现性目标、生成性目标和行为性目标四类。由“行为目标”取向发展到“生成性目标”取向，再发展到“表现性目标”取向，体现了课程与教学领域对人的主体价值和个性解放的不懈追求，反映了时代精神的发展方向。在教学目标设计时，教师要根据实际情况确定教学目标的取向。

5. 编制双向细目表

学期教学目标设计的双向细目表包括三个部分的内容：教学内容、学习水平和目标取向及表述。教学内容包括有几个教学单元，每个教学单元的教学内容是什么；学习水平包括认知目标、情感目标和技能目标；目标取向及表述就是要说明在每一单元的教学目标。

二、单元教学目标的设计

（一）编制教学单元的方法

进行单元教学的前提条件是编制教学单元，明确该单元的教学任务是什么。教学单元的编制可以采用两种方法：第一，把预期的学习结果分为具有内在联系的几组，每组构成一个教学单元。第二，围绕一个教学活动（如实地考察旅行），一个刺激（如个案研究）或一个交流思想观点的媒介（如一个话题）来设计教学单元。

我们可以从以下五个方面把预期学习结果组织为教学单元。

第一，依据预期学习结果时间、空间和物理性质的相似性。预期学习结果分在一组是因为它们几乎同时存在或发生；或者是因为从物理性质上看它们是相似的实体；抑或是因为在空间上它们是排列在一起的。

第二，依据预期学习结果的逻辑的先决条件、概念的相似性或相关性。预期学习结果被分在一组是因为这些思想观点必须学习和理解在其他思想观点之前；同时，是因为这些思想观点在某些方面是相互联系的。

第三，依据预期学习结果在产生、发现或证明知识的过程中的相似性。

第四，依据学生对预期结果的熟悉程度、兴趣、难度。预期学习结果被分在一组，是因为学生对它们非常熟悉或熟悉程度不同；或者是因为学习它们能够同样地引起学生的兴趣;拟或是因为学习的难易程度是相似的。

第五,依据预期学习结果可能被期望一同使用。对大多数教师而言,把预期学习结果组织为教学单元是构建教学单元的有效方法,也是学科教学的常用方法。但这种方法很难满足跨学科主题单元教学的需要。

(二)单元教学目标的设计

在做好学期教学目标设计的基础上,单元教学目标的设计要明确教学目标的分类、每一分类下的水平层次及其表述。布卢姆把教学目标分成认知领域、情感领域、动作技能领域三类,每个领域又由从低到高、从简单到复杂的次级目标构成,从而形成了一个完整的分类体系。下面就布卢姆等的教育目标分类体系做一介绍。

1. 认知领域的目标分类

布卢姆在《教育目标分类学:认知领域》中把认知学习分成以下六个主要部分。

第一,知识。“知识”是认知领域中最低水平的目标,主要包括具体的知识,处理具体问题的方式、方法的知识,普通原理和抽象概念的知识。

第二,理解。“理解”是指把握知识意义的能力。可借助解释、转换、推断三种方式来表明对知识的理解。解释是指能用自己的话对某一信息(如图表、数据等)加以说明或概述;转换是指能用自己的话或用与原先的表述不同的方式来表达所学内容,包括文字叙述、表述式、图式、操作之间的翻译或互换;推断是预测发展的趋势。

第三,运用。“运用”是指把所学知识应用于新情境的能力,它包括概念、原理、规律、方法、理论的应用。“应用”这一水平层次是以“知识”“理解”为基础,是较高水平的理解。

第四,分析。“分析”是指能把整体分解成局部,能做到部分的鉴别、关系的分析,能把握其中的组织原则。如划分段落大意及找出中心思想;列举出一个实验中哪些部分为事实,哪些部分属于假说。

第五,综合。“综合”与“分析”相反,是指将所学知识的各部分重新组合、形成一个知识整体的能力。“综合”强调创造能力和形成新的知识结构的能力。

第六,评价。“评价”是认知领域分类学中的最高水平,指学生能依据内在证据或逻辑的一致性来作出判断,能依据外在证据或与别的事实的一致性来作出判断。

2. 情感领域的目标分类

克拉斯沃尔等人提出了一个由五个主要方面组成的情感领域的目标分类。

第一,接受。“接受”是情感的起点,指学生愿意注意某一特定事件或活动。

第二,反应。“反应”这一水平目标指的是学生对刺激的主动注意,包括默认、愿意和满意。

第三,价值化。“价值化”是指学生对待价值的信念、态度。它体现为接受、偏好和为某种价值做出奉献。

第四,组织。“组织”是指遇到各种价值观念时将价值观组织成一个系统,接受自己认为重要的价值观,形成个人的价值观念体系。

第五,个性化。“个性化”是情感领域的最高境界,是指内在化了的价值体系变成了学习者的性格特征,即形成了属于个体的人生观、世界观。

3. 动作技能领域的目标分类

人们对于动作技能领域的强调不如认知领域和情感领域的多,而且只有极少数人致力于这方面的分类研究工作。不过,哈罗提出了一种有参考价值的分类体系,对动作技能领域做出了以下几种分类。

第一,反射动作和基本动作。反射动作包括节反射和节间反射;基本动作包括走、跑、跳、推、拉和操作。这两个是非习得性技能,故在教学中一般不设定此类目标。

第二,知觉能力。这一水平包括动觉辨别、视觉辨别、听觉辨别、触觉辨别和协调能力。

第三,体能。这一水平包括耐力、力量、韧性、敏捷性、反应时间和灵活性。

第四,技巧性动作。这一水平包括游戏、运动、舞蹈、技艺。

第五,意向性交流。这一水平涉及的是学生的表现性动作,包括姿势、手势、面部表情和创造型动作。

第四章 课程与教学的内容构建

课程内容是课程目标实现的手段，它指向“教什么”的问题，主要探讨和解决的是如何从人类知识与经验宝库中选择、组织学习材料。课程内容的选择与组织是课程开发的核心工作，它涉及诸多问题，是课程与教学研究的重要内容。本章主要对课程与教学的内容构建进行研究。

第一节 课程资源及其开发利用

一、课程资源的内涵

“课程资源”这一概念是在我国基础教育课程改革日益深入的时代背景下提出并为人们所熟知的。2001 年教育部颁发的《基础教育课程改革纲要(试行)》明确提出了要“积极开发并合理利用校内外各种课程资源”，以推进课程改革。

而关于课程资源的概念，我国还处于一个刚刚起步阶段，所以，理论界对此作出的界定较为繁杂。有的认为，“课程资源是教育过程中所占用、使用和消耗的人力、物力和财力的总和。”①有的认为，“课程资源是课程设计、实施和评价等整个课程编制过程中可资利用的一切人力、物力以及自然资源的总和。包括教材以及学校、家庭和社会中所有有助于提高学生素质的各种资源。”②有的认为，“课程资源是富有价值的、能够转化为学校课程或服务于学校课程的各种条件的总称。”③

综合众多学者的观点，我们认为，课程资源在构成上应包括形成课程的来源和实现课程的条件两方面的因素。形成课程的来源包括很多种因素，如知识、自然界的花草树木等。实现课程的条件包括各种物力资源，具体来

---

① 顾明远．教育大词典[M]．北京：中国社会科学出版社，1997：1.

② 徐继存，等．论课程资源极其开发利用[J]．学科教育，2002(2).

③ 范蔚．实施综合实践活动对课程资源的开发利用[J]．教育科学研究，2002(3).

讲，如师资水平、学校硬件设备等。但并非所有的资源都能成为课程资源，只有那些进入学校教育情境中与学校课程联系起来的资源，才是现实的课程资源。据此，本书认为，课程资源是进入学校教育情境中的学校课程的各种因素来源和实现条件的综合，是任何课程得以实现的前提和基础，客观地存在于课程的全过程中。

二、课程资源的分类

课程资源的分类多种多样，不过不管如何分都要既符合逻辑上的要求，又要有利于分析和解决学校实践中存在的主要问题，还要有利于解决课程开发中的相关问题。以下是几种典型的分类方法。

（一）自然课程资源和社会课程资源

以课程资源的性质为标准，可以将其细分为自然课程资源和社会课程资源两类。

自然界中可以开发利用的资源是非常丰富的，几乎所有的资源都可以为教学所用。例如，用于生物课程的各类动物、植物；用于地理课程的山地、丘陵、沟壑、大江、小河等；用于艺术课程的自然景观、摄影、图画和优美的电视艺术节目等。

我们的生活是丰富多彩的，除了自然资源外，还有很多社会资源也可以成为课程资源。例如，城市的布局形象、街道的文化装饰等；城市中的各种图书馆、博物馆、纪念馆、展览馆等；社会的政治活动、经济活动、科技活动等；影响我们生产生活的民俗、节日、宗教仪式和传统礼仪等。

（二）校内课程资源和校外课程资源

以课程资源的来源为标准，可以将其细分为校内课程资源和校外课程资源两类。

在学校范围内可以获得的课程资源，便是校内课程资源。如学校的教室、图书馆、实验室、校园文化、历史与传统、班级文化与管理制度以及各类知识讲座、比赛等。

无法在学校范围内获得，但是在社会中可以获得的课程资源，便是校外课程资源。如名胜古迹、自然森林公园、动植物园、博物馆等。

（三）显性课程资源和隐性课程资源

以课程资源的存在方式为标准，可以将其细分为显性课程资源和隐性课程资源两类。

能够看得见、摸得着的课程资源便是显性课程资源。如教科书、计算机课件、教具、自然界与社会中实实在在的事物等。

隐性程资源是指对教育活动有影响，但以无形的方式存在的课程资源。它往往被分为两类：一是默默地对教育教学活动发挥作用的课程资源，如师生关系、学校风气、班级文化等；二是还没有被教育者开发和利用的课程资源，如社区公共服务机构（图书馆、博物馆、科技馆、少年宫、养老院等），这种隐性课程资源容易被忽视。

(四)文字资源、实物资源、活动资源和信息化资源

根据呈现方式的不同，课程资源又可分为文字资源、实物资源、活动资源和信息化资源。

(1)文字资源。教材以及各个专业领域中的经典作品和名著都是学生需要利用的重要课程资源。

(2)实物资源。有很多的形式，如花草树木、机械设备、教学仪器等。此外，这种课程资源很直观，形象生动，所以，利用频率很高。

(3)活动资源。如班级活动、体育活动、节日活动等。这种课程资源能够大大丰富教学模式，并有效提高学生的社会适应能力和人际交往能力。

(4)信息化资源。基于计算机网络的课程资源，其开发与利用将呈现出越来越流行的趋势。

三、课程资源的开发利用

(一)课程资源开发利用的意义

1. 有助于促进教师专业水平的提升

教师参与课程资源开发能促进教师的专业发展，一方面，参与课程资源开发后，教师会对学校课程乃至整个学校产生较强的归属感，并会主动发挥自己的能动性和教学热情，从而有助于课程教学效果的提升；另一方面，在课程资源的开发过程中，教师要去仔细地认识教育教学的目标、内容等，要经历反复的操作和练习等实践活动，因而，教师的教育认识水平、专业能力和技能会得到大大提升。在课程资源的开发与利用中，教师需要与学生一起获取知识，因而，会促使其转变传统的角色和工作方式。如从单纯的知识的提供者变为获取知识的合作者和组织者，将各种现代化的电子教学设备和远程教学设备引入课程，使自己的工作方式得以改变。

2. 有助于实现学生的“社会参与”

学生可以通过运用各种课程资源和参加各种活动，尽早地参与到与自己有关的社区发展的调查、规划、建设之中，参与到学校的建设之中，从而很好地感知和体验人与环境的关系、个人与他人的关系以及个人与社会的关系，同时增强自己的角色意识，理解经济可持续、环境可持续、社会可持续的深刻内涵。

（二）课程资源开发利用的原则

课程资源开发利用的主体有国家、地方教育部门、学校、教师、学生、专家、家庭、社会等。其中，国家和地方教育部门是宏观主体，学校、教师和学生是微观主体，是最为直接的主体。不管是哪个主体，开发与利用课程资源都要遵守一些共同的原则。

1. 以学生发展为本的原则

以学生发展为本是开发课程资源的根本目的与基本原则。课程资源开发利用要有利于促进学生最大限度的发展，要使学校教育发挥出最大的教育效能，就要让每一个学生的潜能都得到充分的、和谐的发展。

2. 适合性原则

课程资源的适合性是指课程资源提供给学生的是学生需要学习的东西，并能为学生所理解。凡是学生需要的、并能理解的课程资源，就是合适的课程资源，反之则是不合适的课程资源。

3. 选择性原则

课程资源是丰富多样的，要进行开发与利用，应当进行精心选择。首先，课程资源开发主体要充分考虑课程成本；其次，学生要学的东西很多，教育也绝非一朝一夕之事，因此，不能不加选择地全部拿来，要有重点、有选择。

4. 个性化原则

课程资源的开发与利用本身是一项非常具有创造性的实践活动，而其创造性主要体现在它的个性化上，如果缺乏个性，课程资源的开发与利用很可能就会流于形式。因此，在开发与利用课程资源的过程中，开发者要从实际出发，将学校的特色、地域的优势、学科的特点、开发者的风格等充分发挥出来，突出个性，避免千篇一律。

（三）课程资源开发利用的方法

课程资源开发与利用的方法有很多，对于教师来说，一定要选择最合适的进行，以便获得理想的效果。

1. 探究法

在学生的实际生活中，有很多都是宝贵的课程资源，完全可以通过有效的方法对其进行开发和利用。探究法就是非常好的一种方法。它主要是指通过学生的主动探究性活动作用于多种资源，使多种资源为教学所用，并很好地帮助学生解决问题，提高能力。采用探究法，学生需要带着问题进行，问题既可以是教师直接提供，也可以是来自学科教材；既可以是学生自己生成，也可以是教师创设一定的情境引导学生发现；既可以是针对某一具体学科的专门性问题，也可以是融合各门学科知识的综合性问题。

2. 反思法

在新的课程理念下，教师自身也是一种重要的课程资源。所以，课程资源的开发不仅仅要关注教材和学生，更要从教师自身着手，特别是要加强教师的自我反思。

以前，教师在课程研究方面总是处于被动地位，学校领导让教师去研究，教师才会去研究。而在新时期，教师在研究上的被动局面已然改变，教师不仅是教学的主体，还是科研的主体。教师不仅主动研究课程，还会不断反思，不断完善课程与教学。他们把自己作为反思的实践者，通过反思自己的教学观念、教学行为、教学效果来获得自身能力的提高和课程与教学的改善。毫无疑问，在课程资源的开发与利用中教师通过反思不断完善课程资源，更新课程观念，提升教学效果，是非常正确而必要的做法。

3. 故事法

故事法就是指教师在课堂上穿插一些与讲述内容有一定关系的有趣生动且简明短小的故事，以帮助学生理解内容，或者直接将故事内容作为教学内容，从而吸引学生的注意力，让学生更加积极地听课，并主动进行思考，通过故事学到知识、掌握技能，同时，懂得故事所蕴含的道理。这是一种化繁为简、寓教于乐、喜闻乐见的方法。

故事是儿童认识世界的门户，它对孩子的魅力是无穷的。故事有很多，如童话故事、寓言故事、社会生活经验小故事、英雄人物故事、科学家故事、益智故事等有教育教学价值的故事，喜欢听故事几乎是学前时期到青少年时期孩子普遍的心理特征。因此，故事法特别适合低年级学生的课堂教学。

在课程资源的利用和开发中，故事法其实只是一种补充形式，不是每节课都可实施，要区别对待。此外，利用故事增进教学要求教师必须扩充自身知识储备量。只有知识储备量丰富了，故事的选材才会灵活，教学也就更得心应手。

第二节 课程内容的取向与构成

一、课程内容的取向

课程内容是根据特定的教育价值观以及相应的课程目标而选择出来的学习材料。因此，课程观、课程目标不同，对课程内容的定位也有差异。课程内容的取向主要有三种。

（一）课程内容即学习活动

现代课程理论先驱博比特、查特斯、塔巴等认为，课程内容是由学生在学校所从事的各种学习活动构成的。因而，他们主张通过研究成人的活动，识别各种社会需要，把它们转化为课程目标，再把这些目标转化为学生的学习活动。这一取向关注的并非是系统化的理论知识，而是学生的学习活动，主张通过学习活动来增强学生的素质和能力，它在一定程度上加强了课程与社会的联系，有助于提高学生适应社会的能力。

（二）课程内容即学科

课程内容是一个包含着各个学科的知识、技能的知识体系。因此，传统课程内容观认为，课程内容的本质就是学科，甚至将其狭义地理解为教材内容。事实上，教材并不能完全等同于课程内容，其原因在于课程内容中包含的很多直接经验、情感经验等都是教材难以再现的。因此，将课程内容等同于教材内容，实际上就是将课程内容看作已经事先规划好的、要求学生必须接受的东西，课程内容也会随之成为一种强制性的教育内容，这对发挥学生的主观能动性来说是十分不利的，它忽视了课程教学的过程与方法，易脱离学生的实际经验。

(三)课程内容即学习经验

由于对课程内容即学科这一传统认知取向的质疑,一些学者提出了课程内容即学习经验的取向观点,将课程内容等同于学习经验或教育经验,认为课程内容是由学生获得的各种学习经验构成的。这一取向强调学生对课程内容的理解和掌握,关注学生的需求及其学习过程,重视学生内在素养和能力的提升,有助于提升学生的主体地位。但是它所提倡的“经验”一词却存在范围模糊、概念难以准确界定的问题,对于一般教师而言是很难驾驭得了的,因而,要求教师具有很高的教学能力,给现代教育课程设计带来了较高的难度。

综合以上三种取向可以发现,它们都各有一定的合理性,但也有各自的缺陷。我们在进行课程内容的选择与组织时,应根据学科性质、内容与目标加以平衡,做出恰当的抉择。

二、课程内容的构成

课程内容是各门学科中特定的事实、观点、原理和问题(间接经验),它表现为一定的知识技能、思想观点,还包括处理它们的方式(直接经验),涉及学生亲身经历的实践活动,如观察、调查、访问、操作、设计、制作、尝试等。课程内容是实现课程目标的手段,是学生成长的重要资源。

一般来说,作为课程内容的知识可划分为两大类——直接经验的知识和间接经验的知识。每一类均包括认知性知识、道德性知识、审美性知识、健身性知识、劳动技术性知识等。这是从全面发展教育的维度进行分析得到的结果,这些要素在不同课程中均有所体现,但由于所占比例不同因此形成不同类型、性质的课程。学校各类、各门课程的设计在课程内容的构成上有着不同的结构与要求,它反映了课程内容要素之间的复杂关系。

认知性知识是指直接指向学生认知领域素质发展的内容。它包括学生必须掌握的关于知识、社会和人的发展规律的基础知识,是学生个体发展必须具备的理论知识。学生在理解和把握这些理论知识的基础上,促进智力和能力的发展。

道德性知识是指直接指向学生的品德领域素质发展的内容。道德性知识具有强烈的社会性和思想性,它隐性或显性地存在于课程之中,对学生品质的形成具有一定影响。

审美性知识是指向学生审美素质发展的内容。它包括审美知识和观念以及学生个体的审美体验。学生在此基础上可形成正确的审美观以及感受美、识别美、鉴赏美和创造美的能力。

健身性知识是指向学生身体素质发展的内容。主要包括正确的健身知识、生理卫生知识、心理健康知识等。

劳动技术性知识是指向学生劳动技能素质发展的内容。主要包括基本的生产劳动知识和技术技能以及劳动经验。

第三节　教学内容的构成与本质

一、教学内容的构成

教学内容是教师和学生作用的对象或客体，它是在经过课程设置和编制具体化了的知识、技能、思想观念、行为习惯的基础上，通过学校师生研制而由学生获得的全部经验的总和。① 随着学科的不同，教学内容也会有所差异，这里以语文学科为例，分析一下教学内容的构成。具体来看，语文学科的教学内容大致上可包括以下几方面。

（一）知识教育内容

语文教学的主体是知识教育内容，它主要包括两方面，即语文基础知识和社会自然知识。前者是有关现代汉语语言的基本知识，如汉语语音、词汇、语法、修辞、汉字、阅读、写作等；后者是囊括整个大千世界的相关知识，如历史知识、人文科学知识、天文地理知识、传统文学与文化知识等。其中，语文基础知识在知识教育内容中占据重要地位，社会自然知识是在语文基础知识的基础上进行了知识延伸，是为语文基础知识服务的。因此，在教育过程中，要注意以语文基础知识为主，社会自然知识为辅，万不可不分主次，本末倒置。只有这样，才能帮助学生在掌握牢固基础知识的同时，开阔视野，提高认识能力。

（二）智能教育内容

智能教育内容也叫智育内容，指的是发展智力（指各种学习活动都必须培养的诸如注意力、记忆力、观察力、想象力、思维力）和培养技能（在教学活动中必须培养的各种能力，如听话能力、说话能力、理解能力等）相关的知

① 黄甫全，王本陆．现代教学论学程[M]．北京：教育科学出版社，2003：141.

识，它是教学内容的重要组成部分。一般在语文教学中，智能教育内容中的智力发展和技能教育主要包括以下几方面的内容。

（1）从对语言文字的运用过程看，是对听、说、读、写四个方面的理解和表达能力。

（2）从对语文材料的认识上看，是对字、词、句、篇四种信息的加工能力。

（3）从语文学习的策略上看，包括认知方式、阅读速度、写作方法及技巧手法评定等。

（三）思想品德教育内容

除了知识教育内容、智能教育内容之外，教学内容的另一个重要组成部分就是思想品德教育内容，它是以提高学生的思想品德水平、促进学生德智体美全面发展为目的的教育内容。在我国的语文教学中，思想品德教育内容一般包括以下几方面。

（1）政治教育。包括热爱党、热爱领袖、热爱祖国、热爱人民、热爱社会主义等。

（2）思想教育。包括辩征唯物主义立场、观点、方法的启蒙教育，树立正确的世界观、人生观等。

（3）道德教育。包括热爱集体、热爱劳动和劳动人民、助人为乐、行为规范等。

（4）心理品质教育。包括培养良好的兴趣、爱好、意志、情操等。小学语文学科中的思想教育内容是与语言文字的训练同步进行的。

（四）审美教育内容

要培养德、智、体、美全面发展的人才，审美教育必不可少。语文教学在学科教育中占据基础地位，因此，自然也不能缺少审美教育的内容。纵观现行语文教材，我们可以把审美教育内容概括为三个方面：一是语言的形式美。现行语文课文都是精选的名篇佳作，其语言准确、生动、形象都可以作为审美教育的内容。二是文章的题材美。如诗歌中抑扬顿挫、婉转曲折的韵律美，童话故事中的人物美等都属于这方面的内容。三是人物的思想行为美。如《狼牙山五壮士》一文中五壮士为掩护部队主力和民众撤退，以身诱敌将敌人引到三面绝壁的狼牙山，在弹尽粮绝后宁死不屈、舍身跳崖的壮烈事迹，给人以深深的心灵震撼，让人深切感受到革命战士为国为民之心，体会到今天的生活来之不易，这实际上也是一种美育。

其他学科的教学内容也主要是由这几方面构成，只不过具体组成方面不一样罢了。如数学、物理、化学的基础知识包括定理、定义、公式、概念等。

在智能教育方面，数学主要培养学生的记忆能力、理解能力、推理能力、运算能力等，而物理、化学还要培养学生的实验操作能力。思想教育内容方面，数理化主要对学生进行辩证唯物主义观点的教育、中华传统文化的教育等。我们只要依据各学科的特点，掌握各学科的教学内容还是容易做到的。不过应当指出的是，在课堂教学中，以上几个方面的教学内容是互为融合、彼此渗透、有机结合的，在备课时可以分别列出，但课堂教学时应融为一体不能割裂开来。

二、教学内容的本质

教学内容是教学系统的核心要素，对它的概念，国内外教学理论界仍有较大分歧。一般来说，知识社会学认为课程内容是教育机构力图向学生灌输的知识；而技术学认为教学内容是一门课程中所传授的特定的事实、观点、法则和问题等。两种观点都把教学内容局限于间接经验或理论知识。而职业教育则比较重视直接经验。

辩证唯物论认为，教学内容应是一系列比较系统的直接经验和间接经验的总和。它是根据教学目标从人类的知识、经验体系中选择出来，并按照一定序列组织编排而构成的知识和经验体系。

教学内容本质上是知识和技能，具有两种形态：直接经验和间接经验。直接经验是指学习者在学习活动中直接获得的职业实践、社会生活实践以及各种学习实践的经验；而间接经验则是理论化、系统化的书本知识，是人类积累的知识成果，具体包含在各种形式的学科中。目前在高职教育界出现了职业论和学科论之争，前者偏重职业的直接经验，后者则偏重学科知识。

第四节　课程内容的选择与组织

一、课程内容的选择

课程内容的选择应注重学科基础、贴近社会生活、联系学生经验。

（一）课程内容选择的影响因素

影响课程内容选择的因素可以从以下两个方面来分析。

1. 从社会视角来分析

将课程内容置于大的社会之中来看，它必然要受制于社会的政治、经济、文化发展需要，必然要考虑学生的发展，必然要受到其他学科领域的影响。在这些因素中，社会和学生对课程内容的选择会产生根本的影响。课程内容的选择最首要的是确定学生的能力、需要、兴趣、动力及学习某种文化内容的潜力。

2. 从课程本身的组成部分来分析

广泛同意的意见是课程由以下五个部分组成：对学生和社会的假定所组成的框架，宗旨与目标，内容或学科内容及其选择、范围和顺序，执行的模式，评价。这五个部分并不是孤立地存在，而是相互依赖的。因此，课程内容作为课程的重要组成部分，不可避免地要受到其他四个组成部分的影响。

（二）课程内容选择的切入口

1. 学科课程内容的选择

学科课程内容的选择需要对科学知识加以选择，任何科学的理论知识都是由具有内在逻辑联系的具体内容组成的。要从科学中选择出理论知识，需要保持科学理论知识本身的逻辑结构。因此，学科课程内容需要从以下三个方面来选择科学的理论知识。

(1)学科的基本概念

科学理论不是仅仅停留在想象和事实层面上的描述，而是在概念的基础上通过推理获得的理性认识。因此，在选择学科课程内容时，学科课程的内容应体现这种逻辑联系，适当选择科学理论的基本概念，使学生在获得基本概念的基础上掌握理论知识。也就是说，学科课程内容要注重学科的基本概念的选择，选择时还要注重概念之间的逻辑关系。

(2)学科的基本事实

所有的科学理论都有其确定的研究事实，离开了基本的科学事实，学生便只能通过死记硬背来接受性地学习书本知识了。科学的基本事实是形成理论知识的基本材料，是理论概括的基本对象。在进行学科内容的选择时，必须从科学涉及的复杂的现象或事实中选择出基本的科学事实，以便学生能理解和掌握理论知识提供基本的感性经验和认识基础。需要注意的是，在学科课程内容中，科学的基本事实不应是由教师来提供的，而应是间接经验选择时需要提供的。如果把科学的基本事实看作是教学过程中教师的事情，那么这种课程呈现给学生的也许仅仅是干巴巴的科学结论而已，它不利于学生对课程内容的自我学习。

(3)学科的基本原理和方法

基本原理和方法是科学理论知识的实质性成分。科学理论的基本原理是在基本概念的基础上,通过命题或判断揭示客观事物内在规律的知识;科学理论的基本方法是运用科学理论的基本原理分析问题和解决问题的策略、技巧。基本原理和方法与基本概念之间具有内在的逻辑联系。中小学学科课程的内容要为学生提供具有定论的科学理论的基本原理和方法。科学理论知识的内在成分之间是具有逻辑联系的。因而,学科课程内容的选择必须遵循科学知识本身的内在逻辑,从中选择出最基本的部分以充实学生的心智,满足学生知识结构、智能结构和技能技巧发展的需要。

2. 活动课程内容的选择

活动课程的内容是以直接经验为主的。活动课程内容的选择具有与学科课程内容选择不同的标准和要求。

(1)间接经验选择的依据和标准

间接经验选择的逻辑依据是科学理论知识内在的逻辑结构,它选择的依据是学生的现实社会生活需要和学生社会性发展的需要,这一点是根据杜威的观点发展起来的。杜威认为,儿童的天性和本能决定了儿童的兴趣和动机。儿童的兴趣和动机具体体现为四个方面:制作的兴趣、语言社交的兴趣、研究与探索的兴趣、艺术的兴趣。其中制作的兴趣是最基本、最突出的兴趣。而随着年龄的增长,儿童对语言社交、研究与探索和艺术的兴趣就会日益变成内在发展的需要。因此,现代活动课程在选择直接经验时,应以学生的生活逻辑为基础,关照学生现实生活的逻辑,所选择的活动课程内容必须重视学生各种发展的需要。

(2)直接经验的结构和体系

理论化、系统化的理论知识或间接经验是有结构和体系的。同样,课程内容中的直接经验也应有结构,并形成一定的体系。作为课程内容的直接经验不应该是零散的活动技巧或生活体验,也不应该是学生琐碎的日常事务,而应该是关照学生现实生活世界的、具有较高精神价值结构化、体系化的东西。正如杜威所指出的那样,儿童的经验或活动,实质上是理论化知识“还原”的结果,因为任何“真正的知识”都“依附于有效率的习惯”“依附于经验的意义”。[①] 从来源上讲,课程中的直接经验根源于科学知识,只不过它

① 赵祥麟,王承绪. 杜威教育论著选[M]. 上海:华东师范大学出版社,1981:234—235.

不是以概念、原理的形式呈现给学生，而是以学生的体验、操作、探究等方式与学生结合，从而体现经验的认知意义、情感意义和价值观意义。直接经验的终极意义不是技术意义，而是精神意义。

不过，活动课程内容的选择也要注重内容的系统性、结构性、知识性，同时，还要注重操作性、应用性和发展性。如果把活动课程的内容仅仅看成是让学生蹦蹦跳跳的各种活动，而忽视活动课程内容对学生的认知发展价值、审美发展价值、道德发展价值等是不利于学生素质发展的。

（三）课程内容选择的依据

课程与教学内容的选择必须具备的基本条件及依据，主要有反映社会发展的要求、反映教育对象的发展特征和反映教育思想的要求。

1. 反映社会发展的要求

所谓明确社会的要求，旨在明了家庭、社区、职业与文化团体、国家、国际社会的现状及其对教育提出的要求。历史上不少社会科学家、思想家直接或间接地论及教育，他们的思想为课程与教学内容的选择提供了理论基础与指导。同时，科学技术革命也丰富了课程与教学内容。现代科学技术革命促进了教育的大革新，产业结构的变化、科技革命及结构的变化所带来的职业训练模式的改变，要求逐步缩小体力劳动者与脑力劳动者的差距，增强职业的流动性与灵活性。具体表现为教育年限的延长，教育功能和教育形态的变化，而这最直接的表现是在课程与教学内容的设置上强调学问中心，提倡自然科学课程与社会科学课程之间的平衡。由此，在课程内容的选择上，必须考虑对学生科学精神与人文精神的培养、知识与能力的培养、主动性与创造性的发挥、基于社会现实的教育情境的构建等重要问题。

2. 反映教育对象的发展特征

教育对象的发展特征是课程与教学内容选择的又一个理论依据与基本条件。教育对象是在其素质与环境的交互影响中成长的，这就需要把握教育对象的个人需要、社会需要及这些需要同教育对象的发展现实之间的差距。人们对学生的发展有一些共识：幼年时期是个体人生的奠基时期，个性的发展源于成熟与学习，个体的发展遵循着成长及可预测的范型，个体的发展是有差异的，在各个阶段上有其相应的特征，而且每个个体的发展都是独立的。人们虽然承认这些基本的事实，但解释这些事实的理论及其表述是不同的，因而，也就形成了不同的教学发展观。教学论史上，关于教学与发展的关系的论述主要有“教学依存于发展”“教学先于发展、创造发展”“外因通过内因起作用”三种观点。

“教学依存于发展”是把发展视为自然的、有其自身规律的过程。智力的发展过程是按照自身固有的内部法则前进的,教学环境条件下的学习终究是依存于发展的。发展是以儿童内部产生的不平衡为原动力的,来自外部的作用,尤其是教学作用不会直接引起发展。在教学条件下的学习和个体的主体性活动,依存于个体的认知结构的特点(即思维发展阶段),是作为一种同化过程产生的。但这并不是说教学作用和教学条件对发展没有意义,相反,它会加速或延缓个体的发展。

“教学先于发展、创造发展”是指教学不仅发展儿童的智力,而且加速智力的发展,还可以成为促进新的智力发生的源泉。教学在智力发展中起着主导性的作用。对教育过程而言,重要的不是着眼于学生现在已经完成的发展过程,而是关注他们那些正处于形成的状态或正在发展的过程。由此,发展的过程与教学的过程是不一致的,发展的过程是沿着创造出“最近发展区”的教学过程前进的。

“外因通过内因起作用”是说个体的智力发展依存于他所接受的教学,而教学又依存于个体的发展。当教学能够直接促进儿童在自然发展过程中获得飞跃时,教学才是引起直接发展的源泉。

(四)课程内容选择的原则

课程内容的选择应遵循下述基本原则。

1. 注重学科基础

学科基础包括学生终身学习与发展必备的基本知识、技能、方法、规范和价值,它表现为一门学科的基本事实、基本概念、基本原理和探究方法。这些内容涵盖了该门学科的基本结构和思想,是发展学生基础学力的重要资源。

基础教育是为学生发展打基础的教育,其使命在于帮助学生掌握人类文化遗产的精华,并在此基础上获得多方面的发展,以适应未来社会发展的需要。因此,课程的内容首先应是基础性的。所选择的课程内容应该包括使学生成为社会中一名合格公民所必备的基础知识和基本技能,同时,也要包括学生以后继续学习所必需的技能和能力。

强调学科基础并不排斥吸收最新信息与研究成果,新的信息与成果能活化课程内容,引发学生的兴趣。但相对而言,学科基本事实、概念与原理浓缩了该门学科的精髓,“万变不离其宗”,掌握学科基础内容有助于增强学生对复杂社会的适应力。因此,在选择课程内容时要先保证学科知识的基础性和完整性，其次，是注意到学科知识的广度与深度之间的平衡。

2. 注重课程内容的系统性

课程内容必须具有重要性、基础性，由浅入深，由简而繁，由古而今。前一学习内容应是后一学习内容的基础。这一原则注重学科本身的系统性、文化的累积与传递、逻辑系统的安排以及学术研究，更为适用于逻辑系统非常严密的学科。但要注意，不要忽视学生的兴趣、需要、个性与发展的要求和现实社会的需要。

3. 贴近社会生活

课程内容在注重基础的同时应保持一定的开放性，及时将当代社会的新知识、新技能、新信息、新问题纳入课程之中，使课程内容充满时代气息。如果课程内容远离当代社会生活，一味地沉湎于过往历史与抽象的符号世界，学生则难以感受课程内容的丰富意义，无法看到学习内容与社会生活的关联，死记硬背势必降低学习兴趣，将学习变成一种苦役。因此，课程内容应贴近社会生活，应该考虑到让学生了解社会、接触社会，掌握一些解决社会问题的基本技能。即使在选择学术性学科的内容时，也应该尽可能地联系社会的需要，以便学生所掌握的知识技能可以较好地发挥社会效用。此外，课程内容不仅要注意与现实社会相关，而且还要注意与未来社会相关。

当然，贴近社会生活不是简单地追赶社会时尚，更不是“社会需要什么，学校课程就要包括什么”的功利主义做法。当代科技发展迅猛，劳动市场不断变化，我们不可能准确预测未来 10 年职业技术与劳动市场的变化，只有基础扎实，学生才能应对未来社会的挑战。因此，课程内容贴近社会生活不能以牺牲学科基础为代价。

4. 重视对旧内容的沿用

人类心理趋于保守，认为多年一直沿用的知识内容是最好的，自然也就应该是被采用的内容。因为这里面既有理智的因素——经过多年考验而未遭弃置的课程与教学内容自有其存在的理由与价值，也有情感的因素——人类有怀旧的倾向，无论道德、学术，总喜引昔证今，追踪古人。这一原则比较重视人类文化的保存与传递，常用于伦理、音乐、美术、文学等学科，但如果只遵循这一原则就容易缺乏知识更新，从而忽视了学习者的本性、兴趣与需要，也容易忽视现实社会的需要。

5. 联系学生经验

课程是学生发展的基本资源，如果它不能被学生同化，就不能成为他们自身的一部分，就可能永远是一种外在的东西，不会对学生产生什么实质性影响。课程内容要引起学生学习的兴趣，为学生接受理解和意义建构，课程就必须联系学生的生活经验，让他们感受到课程与生活的关联。所以，课程内容要与学生和学校教育的特点相适应。课程内容是为特定教育阶段的学生而选择的。因此，选择课程内容时要能够注意到学生的兴趣、需要和能力，并尽可能与之相适应，增强学生对生活的感受、体验与领悟，满足学生成长的需要，使学科知识进入学生生活的世界，实现科学世界与生活世界、知识世界与经验世界的沟通，把学生从成人世界的控制下解放出来，只有这样，才能更好地促进学生健康、快乐地成长。

二、课程内容的组织

一般来说，课程内容是以课程目标为依据设计的，但其设计的过程中蕴含着一定的内在逻辑。尤其在课程内容的组织上，由于不同类型的课程、不同阶段的课程存在不同的要求，因此，课程内容的组织也具有多种方式。从实践情况来看，现代教育课程中对课程内容的组织主要遵循的是教育学家泰勒在20世纪40年代提出的连续性、顺序性、整合性三条逻辑规则，根据这三条逻辑规则，课程内容的组织一般有以下三种方式。

(一)直线式与螺旋式

直线式课程内容组织实际上就是将课程内容组成一条前后联系的逻辑，前后内容彼此相关而又不相互重复。而螺旋式课程内容的组织实际上就是在不同的阶段、不同的单元，或者不同的课程门类中，将同一课程内容以不同的形式重复出现，以便扩大学生的知识面，加深学生对课程内容的掌握深度。但需要注意的是，虽然在螺旋式课程内容组织中，同一课程内容会不断出现，但其出现的知识难度会有一定的讲究，一般先呈现的是这类知识的简单形式，而后逐渐加深难度，以形成层层递增的势头。

直线式和螺旋式的课程组织形式各有利弊，适用于不同性质的学科，不同阶段的学生。教师必须准确把握这两种课程组织形式的特点。一般来说，直线式课程组织形式对一些理论性相对较低的学科知识，操作性较强的内容较为适合；而螺旋式课程组织形式对理论性较强、学生不易理解和掌握的内容，以及对低年级的儿童来说比较适合。

(二)逻辑顺序与心理顺序

逻辑顺序的课程内容组织形式就是根据学科自身的知识体系及其内在联系来组织课程内容,心理顺序的课程内容组织形式就是根据学生的心理发展特点来组织课程内容。它们是"传统教育派"与"现代教育派"在课程内容组织方面的分歧所在。

在课程史上,"传统教育派"主张以学科的内在逻辑来引导教师进行课程内容的组织,即将课程内容组织的重点放在对学科内在逻辑的分析上,强调教师应以学科自有的逻辑顺序为依据进行课程内容的排列组织。而"现代教育派"则认为,学生是课程教学的主体,为了实现课程内容的有效传授,应根据学生的身心发展,尤其是学生的兴趣、爱好、思维方式、已有知识等为依据来组织课程内容。"传统教育派"与"现代教育派"在课程内容组织上各执一词,各有观点,但事实上他们在课程观方面表现为学生与课程的统一,在学生观方面则体现为学生的"未来生活世界"与"现实生活世界"的统一。以此为基础,在课程内容的组织上,根据学生认识发展的特征和科学知识本身的逻辑特征,编排成既区别于原有科学结构,又有别于学生的完全经验复制式的课程内容体系。

(三)纵向组织与横向组织

纵向组织是教育心理学家从学习理论的角度提出的一种组织形式,是按照课程知识的从已知到无知、从具体到抽象的逻辑顺序来组织安排课程内容。横向组织则指的是按照学生发展的阶段,以学生在各个发展阶段的需求、兴趣及其发展等为基础,在打破不同学科的知识界限和传统的知识体系的同时,组织一个个独立的课程内容专题,推动学生的知识发展。

相比较而言,纵向组织注重课程内容的独立体系和知识的深度,而横向组织强调课程内容的综合性和知识的广度。这也许是适合于不同性质的知识经验所决定的互相区别的课程内容的逻辑组织形式,同直线式与螺旋式的关系一样,纵向组织与横向组织都是不可偏废的。

第五章 课程与教学的开发设计构建

课程开发是课程领域的一项重要内容，主要指通过精心计划的活动开发出一项课程的过程。教学设计则是运用系统方法分析教学问题和确定教学目标，建立解决教学问题的策略方案、试行解决方案、评价试行结果和对方案进行修改的过程。教学是实现教育目的、提高学生素质的最基本的途径，有效的教学设计则是教学成功的必要条件。没有好的教学设计就不会有好的教学实践，教学活动就难以顺利进行，教学质量也会受到影响。本章主要对课程开发的模式、校本课程开发、教学设计的内涵以及体系构成等方面的内容进行详细分析。

第一节 课程开发的模式

课程开发因其涵盖的范围、侧重点和理想追求等方面的不同而存在多种开发模式。本节对几种常见的课程开发模式进行分析。

一、目标模式

1949 年，美国课程论专家拉尔夫·泰勒出版了《课程与教学的基本原理》一书，书中提出了课程编制的“四段论”，在此基础上形成了著名的“目标模式”的课程开发原理，因此，目标模式也被称为“泰勒模式”。泰勒认为，课程开发的核心要素可以归结为四个问题，也就是课程开发的四个阶段。

第一，确定目标，即学校应该实现哪些课程目标。

第二，选择经验，即要实现确定好的课程目标需要提供哪些教育经验。

第三，组织经验，即如何有效地将这些教育经验组织起来，使它们彼此互为促进，产生累积效应。

第四，评价结果，即怎样才能确定这些目标正在得以实现，也就是说，对课程目标在实践中的实现程度进行检查，指出已经达到和需要改进的方面。

在这几个阶段中，第一个阶段是最为关键的，其他阶段要围绕这一阶段进行。

课程开发的目标模式专注于课程开发的方法而非课程本身的内容。泰勒本人认为每所学校应自行决定目标，目标的决定可根据学习者、校外生活、学科专家等来加以筛选。20 世纪 60 年代后，随着“教育目标分类学”的研究进展，可观测的行为目标越来越多，越来越明确，目标模式由此发展到顶峰。

目标模式受到了世界主要发达国家课程理论界及实践界的积极回应，一度成了 20 世纪五六十年代课程编制的“主导范式”，即使到了今天影响力依然不减。我国改革开放以来的课程改革在许多学科课程编制上也深受其影响。

目标模式虽然产生了深远的影响，但也不可避免地存在着一些问题。首先，目标模式采用“决定主义”的观点解释人类的行为，把人变成机器，使人类事物可以工艺化、系统化地加以分析，从而抹杀了人性的丰富性、复杂性、主体性等特征。其次，在目标模式中，目标分类基本上是测验题的量表，而非认知过程，实际上有些不可测定的价值难以目标化，这容易导致价值缺失。最后，目标模式以知识为中心，重视知识的逻辑与结构，主张学科专家是课程开发的主导者，而教师只是课程的使用者、执行者和消费者。这就不利于师生主体性的发挥，容易造成只重学科、教材的设置与编制，而忽视课程实际运作中的“特定情境”的要求，课程的灵活性不够。

二、过程模式

1975 年，英国课程论专家斯腾豪斯出版了《课程研究与开发导论》一书，他在书中对泰勒的目标模式进行了详尽而透彻的分析与批判。他指出，目标模式虽然适用于训练学生的行为技能，但不适宜学生对于知识的学习和掌握。因为从本质上来看，学生学习知识主要是通过灵活地运用知识来进行创造性思维。因而，课程应该充分考虑这一点，应以鼓励学生进行独特的、创造性的学习为目标。

斯腾豪斯基于上述认识提出了课程开发的过程模式。过程模式论证了课程开发过程中需要遵循的原则：第一，课程内容的选择必须反映教育目的及教学过程的实际；第二，课程内容的选择必须立足于对教育教学过程中各种原理及方法的详细分析，且不以预设的学生行为结果为准绳；第三，教师要作为开发的主体，同时，学生要参与进来，充分表达自己的意见和建议。

与目标模式相比，过程模式非常强调过程本身的育人价值，强调教师与学生之间的有效互动，既重视教师自主权的发挥，又重视学生自主自觉的创造性活动。当然，这对教师素质的要求很高。教师要成为课程的研制者、开发者，课程的评价要建立在教师的诊断与评析基础上。

过程模式也有一定的缺陷。首先，重视方法而不重视目的，很有可能使教学过程没有清晰的引导依据，教师的教学成果和学生的学习成果都难以进行科学的评价。其次，过程模式重视教学的整个过程，强调过程中实际发生的事件，因而比较乱，规范性不足。最后，过程模式的理论依据单一，片面性较大。

三、情境模式

情境模式也被称为环境模式或文化分析模式，是由英国课程专家丹尼斯·劳顿和斯基尔贝克提出的。这种模式植根于文化分析主义，是对文化分析主义课程理论的应用和发展。劳顿还认为，设计课程要考虑三个方面的问题：一是知识的性质及知识的不同形式和不同逻辑处理；二是儿童或个别儿童认知的成长与发展；三是社会情境、压力与社会需要。劳顿认为，教育的主要目的在于传播社会的文化遗产，特别是其中最佳部分及“共同文化遗产”。

斯基尔贝克认为，课程编制应深植于某种文化结构中，这种结构把课程编制看成是一种手段，强调要按照不同学校自身的实际情况，通过全面分析和评估学校环境来做出课程决策，课程编制应该针对单个的学校和它的教师。这形成了后来校本课程开发的重要理论基础。

情境模式由以下五个主要部分组成。

第一，环境分析，即对学校课程的内部因素和外部因素及其相互作用进行分析。内部因素主要指学生的心理特点，教师的知识、经验、技能、态度、价值取向，学校风气以及设备、资源等；外部因素主要包括社会、文化及意识形态的变迁，教育政策及教育系统、地方教育当局的要求，家长和社区的各种愿望等。

第二，目标确定，即确定体现意在改变某方面情境的各种决策的课程目标。课程目标的表述要清楚、明确。

第三，方案设计，即根据已确定的课程目标选择学习材料、安排教学活动等。

第四，实施，即实施方案。包括对实施课程方案可能出现的实际问题予以解释，并想办法解决。

第五，评价、反馈和改进，即对课程实施的结果进行全面的检查、评价，并及时反馈结果，进而根据评价与反馈中的问题提出改进方案。

综上所述，情境模式兼容了目标模式和过程模式的许多特征，是一种更综合的课程开发模式。它注重结合特定的环境来分析课程开发过程中的各种要素和问题的各个方面，并把课程决策与更广泛的文化因素和社会因素紧密相连。所以，这种模式在现代得到了广泛的应用，是校本课程开发中的常用模式。

第二节　校本课程开发

一、校本课程开发的概念

校本课程是学校根据国家的教育目的，在对学校条件和学生需求评估的基础上，充分利用社区和学校的课程资源而开发的可供学生选择的课程。校本课程的开发可以使学校、教师和学生改变以往被动的课程执行者、实施者、消费者角色，一跃成为主动的课程开发者、创造者，不仅有利于学校形成自己的特色，还有利于教学活动的开展。校本课程开发始于20世纪70年代的美、英等国。我国是在20世纪90年代以后开始关注这一问题的。

所谓校本课程开发，就是指学校为实现特定的教育目标，根据国家或地方制定的课程纲要的基本精神，以学校为主体，结合学校的性质、特点、现实条件以及可以开发利用的课程资源，由教师、学生、家长及社区人员共同合作进行的课程发展过程与结果。校本课程开发是我国基础教育三级课程管理的重要内容。

二、校本课程开发的基本性质

（一）以校为本

校本课程开发是以学校为基础的课程开发活动，是为了学校、围绕学校而开发的。校本课程开发的特点主要表现在三个方面：一是强调学校办学特色与理念的凸显；二是重视学校及社区资源的开发与利用；三是关注教师在课程开发过程中主体作用的充分发挥。

（二）涉及课程开发的所有要素

校本课程开发是一种课程开发活动，这就决定它会涉及课程开发的所有要素，如制定课程目标、选择课程内容、课程的具体实施与评价等，这与一般的课外活动、兴趣小组活动是不同的。

(三)是学校的自愿行为

校本课程开发是学校的自愿行为，是学校根据自身的特色与需求，自发进行的课程开发活动。它在一定程度上能够兼顾地区性或校际间的个别差异，有利于教师根据本地区、本校的特点进行课程开发。

(四)是一种持续、动态的过程

校本课程开发能依照社会变迁与学生需求随时做出调整与改变，因而，所开发的课程更具有机动性、多样性与弹性。校本课程开发不提倡编写固定的、正规的教材，而是需要持续地进行课程资源的探索与利用，因而，它是一种持续、动态的过程。

总的来说，校本课程开发与学校课程(即学校内所实施的一切课程)不同，它更强调行动与过程，不要求自编教材，形成的实物可以是活动方案或活页资料。与国家课程、地方课程相比，校本课程开发属于学生中心、兴趣中心、问题中心的课程，属于“学生本位”的课程开发。

三、校本课程开发的优缺点

(一)校本课程开发的优点

校本课程开发的优点具体表现在以下几个方面。

1. 决策权力下放

校本课程开发制度的建立，把过去完全掌握在国家手中的课程决策权力分给了学校一部分，学校及教师具有了课程开发的自主权，教师不再只是教学者，更是一个研究者和设计者。这使得教师在课程开发中具有了自主的权利，有利于教育改革的真正进行。

2. 调动了教师的积极性

对于学生的实际需求，教师是最了解的。在日常的教育教学生活中，教师有着改变教育教学现状的冲动和积极性。一旦给他们赋予课程开发的权力，他们便会以极大的热情和巨大的努力投入到课程改革中来。因此，校本课程开发通过还“教育自由权”于教师，从根本上调动了教师的积极性，使教师真正成为教育教学的主体，焕发出了活力和智慧。

3. 有利于教师专业发展

目前,课程改革的不断深入发展使得教师的专业发展越来越被关注。教师要促进自身的专业发展就必须不断地学习、反思、研究、创新。校本课程开发就是一个实实在在的“学习、反思、研究、创新”活动,经历这样一个真实的活动,教师各方面的素质都会得到不同程度的提高,这就非常有利于将专业发展落到实处。所以说,校本课程开发是教师专业发展的必经之路。

(二)校本课程开发的缺点

校本课程开发虽然具有诸多优势,但毕竟属于新生事物,因而,还存在一定的局限性。这种局限具体表现在以下几个方面。

1. 实践落实难

校本课程开发是一种“专业性”较强的实践活动,对教师的专业精神、专业知识和专业技能有着非常高的要求,这很有可能影响其在实践中的真正落实。因为现实的情况是很多教师并不具有明确的“课程意识”“课程自觉”及“课程研制能力”,而这些的获得又是一个漫长的过程。所以,校本课程开发在一个学校的初始阶段可能难以开展,其落实也很难确定,至于以后能否“生根开花结果”则很难预料到。

2. 物质保障不足

校本课程开发是一项科学、规范的活动,它需要专家系统的支持、社区资源的开发以及广大教师利用业余时间的探索,因而,需要相当的资金、人力和物力的保障,而这些又是大部分学校难以轻易得到的,这就必然会影响到校本课程开发的实效性。

3. 课程质量难以控制

校本课程开发强调学校依据特定的社区环境、条件、资源、家长及学生的需求、学校的实力等来自行设计有特色的课程。但不同社区的资源、条件、学校实力等有很大差距,家长的社会经济文化背景及学生的需求又有极大的不同,这就很有可能加剧各校之间教育质量的不平衡,加剧教育机会不均等,而且,国家也难以对所开发出来的课程质量进行评价和控制。这对不发达地区薄弱学校学生的发展是有负面影响的。这也是国内外校本课程开发中出现的共性问题。

四、校本课程开发的原则

校本课程开发要遵循一定的原则，切实指导课程开发的实践。具体来讲，校本课程开发要遵循以下几个原则。

（一）学校为本原则

校本课程开发以学校为基地，以教师为主体。此外，每所学校都有自己独特的文化历史背景、社区资源和办学宗旨，这就要求校本课程开发要遵循学校为本的原则，在开发课程的过程中要紧密结合学校的特点性质、资源条件，将学校的办学思想和培养目标贯穿校本课程开发始终，办出自己的个性，办出自己的特色。校本课程开发应以尊重学校、师生的独特性与差异性为前提，强调学校根据自己的教育宗旨和教师的专业特长自主进行适合学校具体特点和条件的课程建设。

（二）学生优先原则

校本课程开发应充分考虑学生的实际发展需求，学校要适时地、有针对性地对学生的实际发展需求进行评估和研究，优先考虑学生的需要，尊重学生的差异，将学生的兴趣、爱好、要求融入学校的课程计划中，并尽可能地在课程层面上予以满足。

（三）适宜性原则

适宜性原则是指校本课程开发要根据所处的时代，学校所处的地域，学校发展的实际情况，循序渐进地进行，不能毫无依据地盲目模仿或照搬其他学校的课程开发。原因很明显，不同学校往往面临着不同的文化背景，不同的学校在经费、环境、设备设施、师资力量等方面也各有不同，所以，对校本课程的价值取向也就产生了较大的差异。因此，在校本课程开发时，学校必须正确认识自身的优劣势，要依据自身的办学特点与实际情况，发挥学校之长，弥补学校之短，开发出适合本校学生的课程。

此外，适宜性原则还表现在校本课程的设置应当针对不同办学模式的学校，赋予不同的课时比例。这样，才能使校本课程的计划有一定差异，才能有实际意义。

（四）补充性原则

校本课程国家课程开发与其他课程开发有所不同，主要是为了尊重课程利用主体的独特性和差异性而进行的。所以说，校本课程开发是国家课程开发的补充，在开发时要遵循补充性原则。课程的课时安排和内容安排都应是为促进学生全面发展而起补充作用服务的，要根据学生的兴趣、特长来选择内容。

(五)多元化原则

校本课程开发要充分考虑学生的兴趣和需求，更为注重个体的差异性，注重个性化和特长。这就要求校本课程开发要遵循多元化的原则，这主要体现在以下几个方面。

首先，课程开发的主体是多元的，既可以是校领导，也可以是教师；既可以是学生，也可以是社区相关人员。当然，教师是最为重要的课程开发主体。

其次，课程开发的内容是多元的，有课程的选择、课程的改编、课程的创制等。

再次，课程开发的范围是多元的，有全部、部分和非定向课程。

最后，课程开发的时间是多元的，可以是较长时间的课程开发，可以是较短时间的开发，还可以是一次性的课程开发活动。

(六)集体审议原则

校本课程开发的方案与实施效果如何应进行集体审议，校长、教师、学生、家长、专家、社区代表可以共同参与课程开发，表达意见，交流看法，讨论问题，做出行动的决定。这样，开发过程便成为增进理解、深化认识、达成共识的过程，既能提高质量，又有利于调动各方面的积极性，促进课程实施。

五、校本课程开发的模式

校本课程开发的模式主要有以下三种。

(一)需求主导模式

以学生的需求为主要依据来开发校本课程的模式就是需求主导模式。这种开发模式是以学生的实际发展为主要依据进行的。因为校本课程的开发活动是将满足学生的实际发展需求放在第一位的。

(二)目标主导模式

以学校的办学目标为主要依据来开发校本课程的模式就是目标主导模

式。这种开发模式要优先考虑学校的办学目的和办学思想，要以实现学校办学目标为原则来开发课程，即使有些与学校办学目标一致的课程并不是学生最喜欢的，只要学生不排斥，学校就一定会坚持开设。

（三）条件主导模式

以学校的资源条件为主要依据来开发校本课程的模式就是条件主导模式。这种开发模式首先要考虑学校所具备的资源条件，其他因素都只能服从资源条件的限制。也就是说，要考虑学校在现有的条件（包括硬件条件、软件条件和师资条件等）下能够开发什么样的课程。

上述三种模式在校本课程的开发之初是非常好的，但如果想再进行深入开发就不能只单纯地运用这三种模式，而是要以更加综合的开发思路，充分调动各方面的因素来促进学生和学校的发展。

第三节 教学设计的内涵分析

教学设计是有效传递知识经验的一种设想和计划，有效的课堂教学离不开教学设计，它为教师提供了具有可操作性、科学性的教学实施活动方案，影响着学生学习的效果。本节主要对教学设计的内涵进行分析。

一、教学设计的含义

教学设计，也称教学系统设计，是一种活动或过程，也是一门学科/科学。教学设计真正成为一门学科是在教育哲学、教育心理学理论指导下，从教育技术领域中发展起来的。可以说，教学设计理论体系的建立和发展主要取决于两方面的因素：教育心理学的发展和社会的需求。在教育心理学研究领域，斯金纳、加涅和奥苏贝尔等人发挥了重要的作用，也促成了这门学科。因此，教学设计是融合了许多不同学科的重要理论概念而形成的一个新的知识体系。它的产生与发展同其他学科的发展有着密不可分的联系，其中教育学、心理学、传播理论发挥了重要的作用。

教学设计是连接教学理论和教学实践的桥梁。随着对教学设计研究的不断深入，有关教学设计的概念也各不相同，主要有以下几类观点。

第一，"方案"说。"教学设计是运用系统方法分析教学问题和确定教学目标，建立解决方案、评价试行结果和对方案进行修改的过程。”①这一观点在我国有较大的影响。

第二，“系统计划”说。美国学者肯普认为，“教学设计是运用系统方法分析研究教学过程中相互联系的各部分的问题和需求。在连续模式中确立解决的方法步骤，然后评价教学成果的系统计划过程。”②

第三，“活动”说。教学设计，亦称教学系统设计，是面向教学系统解决教学问题的一种特殊的设计活动。③

第四，“技术”说。教学设计是一种“旨在促进教学活动程序化、精确化和合理化的现代教学技术。”④

第五，“系统方法”说。教学设计是研究教学系统、教学过程和制订教学计划的系统方法。“教学设计是针对特定的教学目标，以人类学习和传播理论研究为基础，综合有益于提高教学效率的人力和非人力资源，对学与教的全过程进行设计、实施和评价的系统方法。”⑤

综合以上观点可以看出，教学设计是运用系统方法分析教学问题和确定教学目标，建立解决教学问题的策略方案、试行解决方案、评价试行结果和对方案进行修改的过程。这一定义强调教学设计是一个系统化的过程，包括如何编写目标、如何进行任务分析、如何选择教学策略与教学媒体、如何编制标准参照测试等。这些操作是必要的，也是最基本的。正是这些教学系统设计的系统化操作程序使教学系统设计理论和方法得到了广泛应用。

综上，教学设计的含义主要包含以下几个要点。

第一，教学设计是以学生为中心的。课堂中的“教”仅是使学生达到某种目标的手段，教学设计强调面向学生，注重学生的差异性，调动学生学习的积极性，突出其主体性。针对教学内容和学生自身的特征，选择可以有效促进学生对内容掌握的教学策略，设计可以帮助学生更好进行学习的教学环境，并选择能够促进学生有效理解教学内容的教学手段。总而言之，教学设计是站在学生的立场进行教学构思的，最终确定的教学策略都旨在促进学生学习。

第二，教学设计是对多个对象进行分析。教学设计要协调各要素之间

---

① 张祖忻，等．教学设计——原理与应用[M]．北京：高等教育出版社，1994：11－12．

② 张旭，许林．现代教育技术[M]．北京：科学出版社，1995：30．

③ 张昕，任奕奕．新课程教学设计[M]．北京：北京理工大学出版社，2004：7．

④ 鲍嵘．教学设计理性及其限制[J]．教育评论，1998(3)．

⑤ 程晓樵，等．教师课堂交往行为的对象差异研究[J]．教育评论，1995(2)．

的关系，利用各要素的特点设计最优化的教学活动。教学活动中的要素众多，如何保证各要素在教学活动中发挥积极的作用、避免消极的阻碍，就需要教学设计来进行相关调整，如果不能有效调节各要素之间的配合，就可能无法达到预设的教学目标。

第三，教学设计具有较强的系统性。教学设计是对教学活动进行的系统性创设，而教学活动本身就是一个系统，教学设计就是针对这个系统中的教师、学生、教学内容、教学资源、教学方法和教学环境等一系列问题进行系统设计的过程。

第四，教学设计主要是以教学理论和学习理论这两大理论为基础的。在教学过程中，教学理论和学习理论可以保证教学的科学性和有效性。随着教学理论和学习理论不断发展及教学设计本身不断更新，同时，教学设计也不断吸收其他领域的研究成果来进行自身的提升，为教学活动科学、有效地实施提供了保障。

二、教学设计的基本特征

教学设计可能会随着主观因素和客观因素的变化而出现差异，在不同层次的教学设计中，尽管不同的设计者设计的教学方案可能各不相同，但在教学活动中会体现出一些共同的特征。同时，这些共同特征也是教学设计不可或缺的条件。

（一）创造性

教学设计是对将来的教学活动进行设想和组织的过程，并不能完全参照以往的方案。教师在深入分析教材的基础上根据不同的教学目标、不同的学生特征，创造性地思考、设计教学实施方案，本身带有一定的创造性。所以说，教学设计虽然可能导致教学的程序化和精确化，但它并不束缚教学实践的自由，并不能否认它是一项极富创造性的工作，更不会扼杀教师的创造性。为适应教学活动的丰富多样，学生的多种需求，教师要进行具有创造性的教学设计，使学生的创造才能得到充分展示和发展，结合其教学风格和经验智慧，灵活变通。

（二）系统性

教学是一个复杂的系统，教学过程中的诸要素的不同，或排列组合的方式不同，会出现不同程度的教学效果。不管教学设计指向什么样的教学目标，教学设计者都必须以系统科学的方法为指导，全面地考虑、分析每一个教学要素，预先设想教学中可能出现的状况，并选择合适的教学方法和策略，使各个教学要素成为完整的统一体，构成教学活动的系统。

（三）指导性

教学设计具有指导性，因为它是教师精心设计的施教的方案和蓝图，是教师对将要达到的目标、所要完成的任务以及将采取的各种教学措施等一系列教学活动的一种设想，为教学活动的实施提供一定的依据。

（四）预演性

教学设计的过程需要对将来的教学活动进行一定的设想，实质上就是实际教学活动的每个环节、每个步骤在教师头脑中的预演过程，是教学实践的彩排，带有较强的预演性和生动的情境性。在这个过程中，教师设想自己在真实教学中的情境，在此基础上对教学过程进行周密和细致的策划，保证教学的成功实施。

（五）操作性

教学设计既需要一定的教学理论基础，又要求有一定的教学实践。因此，教学设计作为教学的中介将教学理论和实践结合起来。它既具有一定的理论色彩，又有很强的操作性。在具体的教学设计方案中，各类教学目标被分解为具体的操作性目标。

三、教学设计的有关依据

教学设计工作要综合考虑各方面的因素，具有一定的复杂性。想要使教学设计能够促进教学实践的顺利开展，使教学取得更好的效果，需要有一定的依据为设计提供参考。这主要涉及以下几方面的内容。

（一）现代教学理论

教学理论是在一定的教学实践基础上对教学规律的客观总结和反映。根据教学理论来设计教学方案，能使教学方案更具有科学性和合理性。即使有经验的教师，如果对教学理论不加重视，将教学局限于经验化的处理而不适用科学的理论进行指导，也会导致教学效果的不理想。因此，教师在进行教学方案设计时，要自觉地运用教学理论来指导教学设计，减少随意性和完全依靠以往的经验。

（二）学生的特点

教学是师生双方共同致力、相互合作而完成的。学生是教的出发点和归宿，教学的任务和目的都是围绕着学生的发展而展开的，教师的教必须通过学生积极主动的学才能起到有效的作用。因此，教师进行教学设计时要考虑学生的身心发展特点和规律，考虑学生的情感价值基础，考虑学生的需求和兴趣等。

（三）教学实践的实际需要

教学设计为教师提供最优的行动方案，满足教学的实际需要，这是设计的最基本的依据和根本意义所在。因此，在进行教学设计时，应该充分考虑教学实践的实际需要。因为在具体的教学过程中，教学目标和任务是教学活动的集中体现，教学设计也不能脱离这个方向。在对教学目标和任务进行分析后，明确教学设计的大致框架，并使之成为可操作的具体要求；在此基础上综合考虑其他教学要素，以使教学设计方案在立足教学实际需要的基础上，其功能得以充分显示和发挥。

（四）教师的教学经验与风格

教学设计要为教师所用，必须经由教师的内化和吸收。教师丰富的经验、智慧和别树一帜的风格是促进课堂丰富多彩、生动活泼的基本条件，是形成教学个性和教学艺术性的重要基础，也是创造轻松愉悦、民主平等的教学氛围的必要条件。教学经验是教师在长期的教学实践中总结出来的带有规律性的东西，在教学实践中往往可以弥补理论的某些不足或可以正确、冷静地处理教学中遇到的突发问题，而教学风格展示着教师个性化的教学思想和教学技能技巧。因此，在设计教学时也要结合教师的教学经验和风格，使设计的教学方案灵活多变，适应教师的具体教学。

（五）系统科学的原理和方法

教学设计要考虑各方面的影响因素，这是教学设计成功的关键。而教学活动中的各种要素相互联系、相互影响，而且综合地发挥效力。因此，为使教学活动能够达到理想状态，在进行教学设计时，需要依据系统科学的原理和方法，分析教学系统中各要素的地位和作用，运用这些原理和方法将这些因素有机的综合起来。这样才能使各个要素得到最佳的组合，从而使教学效果实现最优化。

四、教学设计的理论基础

教学设计主要是以学习理论、教学理论、系统理论和传播理论为基础，这些理论为教学活动提供了方法和技术。学习理论使教学设计符合学习规律；教学理论指导了教学设计的具体操作；系统理论为教学设计提供了科学的研究方法；传播理论为教学设计提供了选用教学媒体的技术。

（一）学习理论

学习理论探究人类学习的本质及其形成机制，而教学设计是根据学习者的需要设计不同的教学计划。教学设计的目的是促进学习者的学习有效进行，因此，教学设计必须了解学习者是怎样学习的，根据学习者学习的规律和特点来进行目标的设定、内容及手段的选择。

学习理论的研究最早始于行为主义学派，主要代表人物有桑代克、巴甫洛夫、斯金纳等人。学习理论主要有两大学派，即行为主义学派和认知主义学派。对此本书第二章已有详述，此处就不再赘述。

（二）教学理论

古今中外关于教学理论的思想源远流长。世界上最早关于教学内容和教学方法论的叙述出自我国《学记》提出的“教学相长”“循序渐进”等。以孔孟为代表的儒家教学思想，如“学而知之”“举一反三”“因材施教”等思想至今对教育教学活动有着重要的意义。

在国外，17 世纪近代捷克教育家夸美纽斯的《大教学论》奠定了教学理论的基础。到了 19 世纪，德国赫尔巴特的《普通教育学》使教学理论系统化。美国实用主义教育家杜威提出的“儿童中心论”和“做中学”思想、苏联凯洛夫的“五步教学法”，对于今天的教学设计仍有积极的借鉴意义。

几乎每种教学理论都有各自的教学模式、优缺点，这些教学理论为教学活动的有效进行提供了充分的理论依据和参考价值。

（三）系统理论

20 世纪 40 年代，美籍奥地利学者贝塔朗菲从方法论的角度提出了系统论，其代表作是《一般系统论》。系统论认为，世界上的事物、现象和过程都是作为系统而存在的，系统是由若干要素构成的，但不是简单的要素之和。此外，系统的控制是以反馈为基础的。从系统科学的角度看，教学过程是一个由若干要素构成的系统，这些要素包括教师、学生、教学内容和教学条件等。

教学活动是由多个相互联系、彼此分离的环节组成的，以系统理论为基础的教学设计，其目的是设计一个系统有效的教学活动。教学系统设计的系统观，就是强调从整体性来看待影响教学成效的各种条件，强调将各个部分有机地联合起来构成一个整体，各个环节相互关联，提供最优化的系统方案。

（四）传播理论

广义的传播指信息的传递和交流，它与人类的生活紧密相连。传播理论体系的形成是以美国学者威尔伯·施拉姆的《人·讯息和媒介——人类传播学概论》的出版为标志的（见图 5-1）。信息传播的系统一般由信息源、消息（信息的形式）、渠道（信息传播的途径或输送的手段）、受者（信息的接受者）四个要素组成。信息在传播的过程中是基于一定程序的，即传播者按照预定目标将提供的信息进行编码，制成符号，使之成为易于传输和接收的形式，即消息，再选择最有效的渠道送达接收者，接收者对接收的信息符号经过解码来理解其表达的意义，并且向传播者做出相应的反应。这样，在信息传播的过程中，传播者和接收者双方不断地变换角色，并进行着编码和解码的活动。按照传播理论的观点，教学是由教师的教和学生的学所组成的一种互动的教育活动，是一种信息传播，特别是教育信息传播的过程。因此，传播理论自然成了教学设计的理论基础之一。

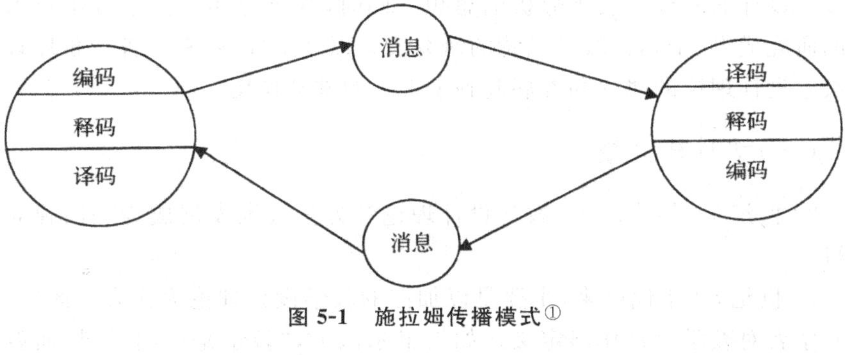

图 5-1 施拉姆传播模式①

五、教学设计的发展历程

（一）思想萌芽期

早期的教学设计主要关注教学媒体的选用效果，在 17～18 世纪，夸美

① 闫守轩．课程与教学论：基础、原理与变革[M]．北京：北京师范大学出版社，2015：128.

纽斯、裴斯泰洛齐等人就倡导直观教学，提倡采用图片、实物、模型等直观教具来辅助教学。1900年，美国教育家杜威提出应建立一门连接学习理论和教学实践的“桥梁科学”，其目的是建立一套系统的、与设计教学活动有关的理论知识体系，以达到优化教学的目的。教育心理学家桑代克也提出了设计教学过程的主张。

（二）体系形成期

一般认为，教学设计作为一种理论知识体系而建立是源于第二次世界大战以后，随着各种学术理论和媒体技术在教育学中的发展、应用，教学设计发展起来了，并对美国的学校教育、企业培训、军队训练等领域做出了很大的贡献。

20世纪50年代以后，随着各国教学改革的发展，教育教学新的理论不断被提出，教学设计日益受到重视。“教学设计”这个名词被越来越多地应用于教育教学研究的各个领域。例如，行为主义的代表人物斯金纳等人提出要分析教学材料的效果、学习需要，并据此对教学材料进行修正，这些开发教学材料的指导原则和步骤已经孕育了教学设计的思想和理论。

20世纪60年代末，由于教学系统方法的形成及其在各层次教学系统设计中的应用，教学设计的理论与方法体系得以建立。例如，加涅等人提出了教学设计的原理和层级分析的思想。同时，视听媒体和其他教学技术作用的研究成果、个别化教学系统的研究成果以及形成性、总结性评价原理等为教学设计理论的建立和发展起到了很大的推动作用。

（三）学科建立期

20世纪70年代以来，教学设计理论和方法逐渐发展成为一门独立的学科。

20世纪80年代以来，主要是以加涅的教学设计理论为代表。此后，不断有学者对教学设计作出定义。如梅里尔认为，“教学是一门学科，而教学设计是建立在这一学科基础上的技术，因而教学设计也可以被认为是科学型的技术”。系统教学设计理论的诞生缓解了之前教学设计理论操作性不强的局限性，解释了各要素之间的影响关系。系统教学设计的主要代表人物是美国学者沃特·迪克和卢·凯瑞。

20世纪90年代以来，由于建构主义学习理论丰富了认知主义学习理论，“软系统思维和方法”受到教育工作者的关注。如巴纳西的宏观教育系统设计论和赖格卢斯的2000年学习圈等，以多媒体和网络为核心的信息技术的发展与应用影响研究者和实践者对绩效、知识管理的关注，使教学系统设计理论与实践得到很大发展，教学设计逐渐发展成为一门独立的学科。

六、教学设计的主要模式

教学设计模式是在理论基础上建立的，通常把它划分为两大类，即“以教为主”和“以学为主”。我国学者何克抗基于建构主义学习理论又提出了“主导—主体”教学设计模式。

“以教为主”的模式以加涅、肯普、迪克、史密斯和雷根等提出的教学设计模式为代表，即所谓的传统教学设计模式。这种“以教为主”的教学设计模式是基于客观主义学习理论，以“教”为主，有利于发挥教师的主导作用，但却容易造成忽视学生主体的现象。

“以学为主”的教学模式，即依据建构主义学习理论提出的教学设计模式，强调学生的主体作用，让学生主动进行意义建构。

“主导—主体”教学设计模式强调教、学并重，可以根据教学内容和学生的认知结构情况灵活地支持以教为主或以学为主的教学设计，也可以利用其公共部分和相互跳转特性实现主导—主体的教学系统设计。①

根据学习心理学的理论，又可将教学设计模式分为行为主义教学设计模式、认知主义教学设计模式和建构主义教学设计模式。随着教学设计的不断发展，教学设计模式种类也不断增加，如面向学习者的教学设计模式、体验式教学设计模式、参与式教学设计模式、信息化教学设计模式、以目标为本的教学设计模式以及基于问题解决的教学设计模式等。教学设计模式的不断发展和丰富为优化教学提供了契机，下面简要介绍几种具有代表性的教学设计模式。

（一）迪克和凯瑞模式

迪克和凯瑞是“系统设计论（Theory of Systematic Designing Instruction）”的代表人物，国内对“系统设计论”的翻译不同，如“教学的系统设计”“教学系统设计”或“系统教学设计”等。迪克和凯瑞提出的系统方法模式的各个步骤为：确定教学目标；进行教学分析；分析学习者和背景；编写行为目标；开发评估工具；制定教学策略；开发与选择教学材料；设计和进行形成性评价；进行教学调整；设计和进行总结性评价（图 5-2）。

① 何克抗，等．教学系统设计[M]．北京：高等教育出版社，2006：28.

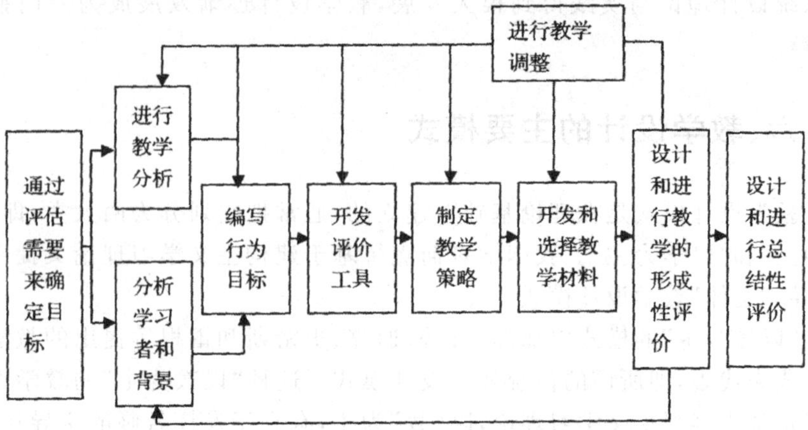

图 5-2 迪克和凯瑞的系统教学设计模式①

（二）肯普模式

肯普、莫里森和罗斯等人编著的《设计有效的教学》，在教学目标归类和教学策略选择等方面具有较强的操作性，体现出先进的教学设计理念。肯普认为，教学设计是从学习者的观点来考虑教学。他认为一个综合性教学设计有九种成分，如图 5-3 所示。

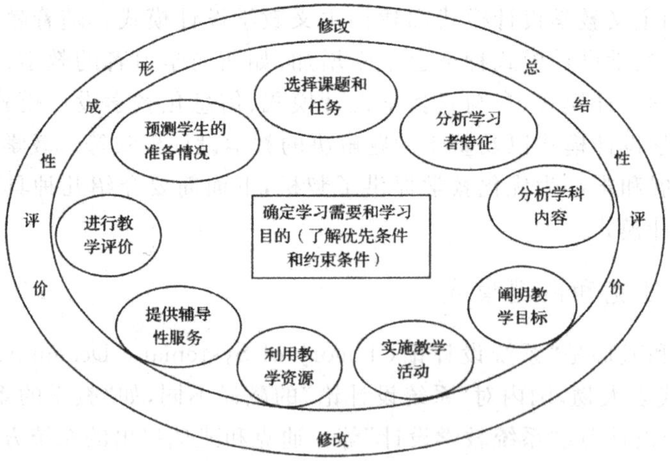

图 5-3 肯普的教学设计模式②

① 闫守轩．课程与教学论：基础、原理与变革[M]．北京：北京师范大学出版社，2015：132.

② 闫守轩．课程与教学论：基础、原理与变革[M]．北京：北京师范大学出版社，2015：133.

第四节　教学设计的体系构成

根据教学研究成果和教学实践经验来看，教学设计体系主要由教学目标的设计、教学内容的设计及教学措施的设计、教学评价的设计等方面构成。

一、教学目标的设计

教学目标设计是对教学活动预期所要达到的结果的规划，它是教学设计中的首要问题，也是衡量教学质量的重要尺度。具体明确了教学目标，对教的方式以及学的方式起着决定和制约的作用。教学目标确定之后，还要考虑教学目标具体化问题，应当按照期望学习者身上出现的可观察、可操作、可测量结果的方式对教学目标做出具体说明，这种说明需要包含行为（做什么）、条件（在什么具体情况下）和标准（达到什么样的要求）三种成分。

二、教学内容的设计

成功的教学设计要求设计者以系统而生动的方式将教学内容组织起来，确定主要的概念以及各个概念之间的关系。科学的教学设计可以帮助学习者意识到所学内容的内在顺序，了解各部分内容与整体的关系以及各部分之间的联系，从而全面地理解所学的内容。

第一，陈述性知识的教学设计。由于陈述性知识的特征是关于“是什么”的知识，它对学生的学习要求重在理解记忆。因此，教师在进行陈述性知识的教学设计时，应将重点放在如何帮助学生有效地理解、掌握这类知识上，注重学生对其符号或词语意义的获取。

第二，程序性知识的教学设计。由于程序性知识是关于“怎么办”的知识，它对学生的学习要求重在操作和应用，形成技能技巧。因此，程序性知识教学设计的主要目的就是帮助学生形成运用概念、规则和原理解决问题的能力。

第三，策略性知识的教学设计。策略性知识也是回答“怎么办”问题的知识。根据策略性知识的特点进行教学设计，需要解决好课程、教师、学生三个方面的问题。

三、教学措施的设计

教学措施设计也是教学设计的中心环节。它一般包括教学方法的选择、教学媒体的选用、教学组织形式的选用及教学环境的调控等。

第一,教学方法的选择与设计。教师在选择和设计教学方法时,要明确选择教学方法的标准是什么,尽可能广泛地了解有关新的教学方法以便自己选择,对各种可供选择的教学方法进行比较,优化组合。

第二,教学媒体的选择与设计。选择教学媒体时,设计者需要综合考虑教学目标和教学内容、教学对象的特点、教学媒体的技术特性、现有的教学条件等因素。

第三,教学结构的设计。教学结构设计包括选取教学环节、具体设计教学各环节的组织及统整各教学环节。

四、教学评价的设计

评价是检验教学效果和调整教学过程的重要手段。因此,教学评价是教学设计中不可或缺的环节之一,是对教学效果进行的价值判断,直接作用于教学活动的各个方面,并随时检验教学设计的成效。

在教学中,教学评价应该贯穿于教学活动的全过程,主要包括以下几个方面。

第一,确定评价目的,即解决为什么评价的问题。

第二,确定评价对象,即解决评谁、评什么的问题。

第三,分析评价目标与确定评价标准,即解决依据什么进行评价的问题。

第四,选择评价方法与编制测量工具,即解决用什么评价技术获取评价信息的问题。

第六章　课程与教学的组织构建

学校教育的基本特征之一就是组织性，集中体现为课程与教学的组织性。课程组织就是将各种课程要素妥善地组织成课程结构以有效地实现课程目标，教学组织就是学生在教师指导下掌握课程教材的组织框架。课程与教学的组织构建在学校教育中发挥着举足轻重的作用。本章将围绕课程与教学的组织构建进行相关阐述。

第一节　课程组织的基本标准与取向

一、课程组织的基本标准

课程组织包括两个维度，即“垂直组织”和“水平组织”。课程组织的基本标准包括垂直组织的标准和水平组织的标准。

（一）垂直组织的标准

所谓垂直组织，是指将各种课程要素按纵向的发展序列组织起来。由于人的身心有发展阶段的序列，学科知识有逻辑演进的序列，所以，课程就有垂直组织的必要。课程的垂直组织有两个基本标准，即“连续性”和“顺序性”。

所谓“连续性”，是指将选出的各种课程要素在不同学习阶段予以重复。例如，在英语课程中，将第一单元中所学习的单词或习惯用语在后面的单元中予以重复；在化学课程中，对实验仪器的使用方法和操作规程在化学实验中不断予以重复，以使学生最终达到熟练的程度；在数学课程中，使先学习的公式、定理在后继学习中重复出现，以不断得到巩固。连续性标准强调的是课程要素的重复。这个标准最先由拉尔夫·泰勒提出。

所谓“顺序性”，是指将选出的课程要素根据学科的逻辑体系和学习者的身心发展阶段，由浅至深、由简至繁地组织起来。如果说连续性强调的是课程要素的重复，那么，顺序性则强调课程要素的拓展和加深。美国著名课程论专家塔巴曾指出，一般人对顺序性的处理往往只关注内容而忽略过程，这是片面的。课程组织不仅要关注内容的顺序（逻辑顺序），还应关注处理内容的心理过程的顺序（心理顺序）。当泰勒最先提出顺序性的时候，他似乎只强调课程要素的逻辑顺序，而塔巴主张逻辑顺序与心理顺序的统一，这是对泰勒主张的发展。

（二）水平组织的标准

所谓"水平组织"，是指将各种课程要素按横向（水平）关系组织起来。学生的经验和生活原本是一个整体，但由于社会分工、学术传统、教育传统等方面的原因，当对学习者进行培养时，却把学习者完整的经验分成了语文、数学、物理、化学、历史、地理、音乐、体育、美术等领域，把学习者完整的生活分成家庭生活、学校生活和社会生活。人类的社会生活，不论在一个国家、一个民族内部，还是处在整个人类社会，尽管其间存在差异，但都存在内在的联系，都是一个整体。学科知识以分门别类的形态存在，彼此之间存在差异，这种差异有时会演化为尖锐的对立（主要是由于不同科学共同体之间的利益冲突），但不能因此否认学科之间的内在联系。从某种意义上说，学科知识之间也具有整体性。由此看来，不论从学习者的经验的性质，还是从社会生活以及学科知识本身的性质，都可以得出课程的水平组织的基本标准——"整合性"。

所谓"整合性"，是指针对所选出的各种课程要素，在尊重差异的前提下，找出彼此之间的内在联系，然后整合为一个有机整体。这里需要强调的是，课程的整合并非以牺牲不同课程要素之间的差异为代价，而是在承认并尊重彼此之间的差异的前提下进行整合，只有这样的整合才能产生课程的合力。牺牲了差异的"整合"必然影响课程要素的划一性、同质性，课程整合的价值也就不复存在。

二、课程组织的基本取向

课程组织不是一个价值中立的过程，任何课程组织模式总是受特定的课程价值观的支配，必定折射或体现出特定的课程价值观。因此，并不存在放之四海而皆准的、唯一有效的课程组织模式。纷繁复杂的课程组织模式总是隶属于以下一种或几种课程组织取向。

（一）学科取向的课程组织

当课程以学科逻辑为根据、围绕学科组织起来的时候，即为学科取向的课程组织。这种课程组织取向把课程视为“有组织的知识的累积传统”。属于这种取向的典型的课程理论流派包括:永恒主义、要素主义、结构主义。学科取向的课程组织模式包括单学科课程组织、相关学科课程组织、融合课程组织、广域课程组织等。

(二)学生兴趣和发展取向的课程组织

当课程根据学生的心理逻辑、围绕学生的兴趣和发展组织起来的时候,即为学生兴趣和发展取向的课程组织。这种课程组织取向把课程视为学习者的经验。这种课程价值观尽管从未在实践中占据过主导地位,但其支持者却从未终绝。

(三)社会问题取向的课程组织

当课程以适应或改进社会生活为根据、围绕主要的社会问题组织起来的时候,即是社会问题取向的课程组织。这种课程组织取向认为,课程是为学生适应或改进社会情境作准备,课程内容应源于社会或整个世界的状况和情境。学生通过课程研究社会的特征,特别是他们自己所生存的社会的特征,如社会机构的功能,社会生活中的主要活动,人们面临的难以解决的问题等。

第二节 课程的类型及其组织结构

一、显性课程和隐性课程

(一)显性课程

所谓显性课程,亦称“正式课程”或“正规课程”。显性课程是相对于“隐性课程”而言的,是指在学校课程体系中为实现一定的教育目标而设计的具有实际形态并以外显方式出现的课程,是按照预先编订课程表实施的有目的、有计划、有组织的活动。

(二)隐性课程

隐性课程又叫潜在课程、潜隐课程、隐蔽课程。隐性课程主要通过感染、暗示、同化、激励和心理调适等多种功能改变着学生的情绪与情感、行为规范和生活方式,对学生起着潜移默化的作用。

隐性课程具有以下若干特点:一是隐蔽性。二是非预期性。隐性课程也不似显性课程那样,能通过学生的反映对教学全过程进行有效地控制、调节,从而达到最佳的教育效果,表现出事先难以预测和估计到的一面。因为隐蔽课程中并不是任何一个要素、一个细节的教育影响事先都能估计到。不过,并非所有的隐性课程都不可预测。对教育者来说,隐性课程至少有一部分是可以有意识地加以组织和实施的,也就是说部分隐性课程也是可以具有目的性,因而,是可以预期、可以事先设计的。三是两重性。隐性课程既能对学生施以积极的影响,促进学生良好品德的养成,又能对学生施以消极的影响,阻碍学生形成健全的人格。四是弥散性。所谓弥散性是指隐性课程无所不在,只要存在教育,就必然存在隐性课程的影响;五是持久性。

隐性课程可以辅佐显性课程,通过隐性课程培养学生的价值、情感、态度等,对显性课程中学生掌握知识技能,发展智力、创造力有着一定的促进作用,并对学生人生观、价值观等的形成起潜移默化的作用。我国一些中小学已把隐性课程作为一项重要内容来抓。例如,有的注重建立学校各项规章制度,形成良好的校风、学风;有的注重学校中各种人际关系特别是良好的师生关系、生生关系的建立,营造宽松和谐的心理氛围;有的注重校园的美化、绿化、艺术设计,陶冶学生的情操。这些都是试图通过各种隐性课程的建设形成良好的物质、文化、心理环境来促进学生身心的健康成长。但隐性课程这一术语范围太宽,几乎涉及学校所有方面,给课程设计、实施与评价带来不少困难。

二、学科课程与活动课程

以课程内容设计方式为标准,可将课程划分为学科课程与活动课程。

(一)学科课程

学科课程是一种以人类各门科学的知识体系为基础,按照学科内在逻辑加以组织而形成的课程。学科课程具有很多优点:一是为学生提供每一学科的精华,为学生将来的成人生活做准备;二是学科课程编订能依照学科本身固有的内在联系,把学科的基本概念、基本原理有序地组织起来,最大限度地保持知识的系统性和连贯性;三是学科课程具有简约性的特征,它简要概括千百年来的文化成就,高效率地传递文化,是传递人类文化最有效的形式。但学科课程有其明显的不足:学科课程过多注重间接经验的学习,容易脱离学生的生活经验;过于强调学科的内在逻辑,可能忽视社会生活实际，不利于学生个性特长的培养与实践能力的发展。

（二）活动课程

活动课程又称经验课程，是从学生的兴趣和需要出发，以学习者为中心，按照各种实践活动类型和特定活动方式而设计的课程类型。其主要倡导者是美国教育家杜威和克伯屈。他们认为学科教材将成人的东西强加给学生，窒息了学生的活力，主张打破学科界限，根据学生的需要、经验和问题组织学习内容，让学生“从做中学”。活动课程能较好地照顾学生的兴趣和爱好，密切联系生活实际，调动学生学习的积极性，丰富学生的经验，培养学生的实践能力。今天许多国家的课程中仍保留了此类课程，如澳大利亚中学开设木工课、戏剧课、烹饪课等，我国中学开设劳技课。但经验课程过分夸大了学生的经验，忽视知识本身的逻辑顺序，忽视教育中的社会目标，不利于人类文化遗产的传授，学生难以获得系统的科学文化知识。

三、分科课程与综合课程

根据学科课程知识分化的程度，可将学科课程划分为分科课程和综合课程。

（一）分科课程

分科课程实际上就是学科课程，因为学科课程是分门别类进行设置的。分科课程有利于学生获得系统的知识，但可能忽视学科之间的内在联系。不同学科之间彼此隔绝，缺乏沟通，影响学生综合素质与创造能力的发展。过细的分科割裂了知识的内在联系，往往造成知识学习的片面、孤立、呆板。此外，科目过多容易加重学生的学业负担。因此，设置综合课程或课程综合化成为一种必要。

（二）综合课程

综合课程采用合并相邻学科的方法，把几门学科的教学内容组织在一门科目之中，如将物理、化学、生物合并为科学，将音乐、美术合并为艺术等。一方面，设置综合课程是科学发展的结果。因为科学本来就是一个统一体，学科的划分是人为的，分科过于精细，会妨碍科学研究的视野，不利于科学的发展。事实上，科学研究的许多突破往往是不同学科协作的结果。另一方面，综合课程的设置也有助于克服分科课程的局限。综合课程强化了学科间的联系，有助于学生从整体上认识世界，形成合理的知识结构，发展学生综合运用知识解决问题的能力。综合课程有以下几种形式。

1. 相关课程

在分科基础上确定科际联系点，加强学科之间的联系。例如，在语文与历史或数学与物理等相邻学科之间确立科际联系点，使学科之间保持横向联系。

2. 融合课程

将相邻学科合并在一起，构成新的学科，如，将中国历史、世界历史合并为历史，或将历史、地理、政治科目融合为“社会研究”。

3. 广域课程

广域课程又称合科课程，它是突破原有学科界限，合并数门相邻学科，形成范围更广的课程。例如，将学校课程分为普通社会科、普通理科、普通技能等，它比融合课程更具有综合性。采用广域课程可减少分科数目，增加课程间的内在联系，克服知识的零碎性，使教学内容更加贴近生活，但怎样把不同学科的知识综合在一起，教材编写、师资配备存在一定困难。

4. 核心课程

核心课程也称问题中心课程，或轮形课程，它是以个人或社会生活的现实问题为核心将其他学科组织起来的课程，如社会健康、人口控制、能源保护、贫困问题等课程。在理论上，核心课程可以避免分科课程脱离生活实际、活动课程过分迁就学生直接兴趣的偏向，它以社会为中心，由近及远，逐步扩展，使学校课程同社会生活联系起来，有利于调动学生解决问题的积极性，但对教师要求高，课程内容难以整合。

四、必修课程与选修课程

根据课程实施和管理的不同要求，可将学校课程划分为必修课程与选修课程。

（一）必修课程

必修课程是某一教育系统或教育机构规定学生必须学习的课程种类。在我国基础教育领域，主要是指同一年级的所有学生都必须修习的公共课程，是为保证所有学生的基本学力而开发的课程。必修课程的根本特征是强制性，存在着不同的必修课程。

（二）选修课程

选修课程是某一教育系统或教育机构中，学生可以按照一定规则自由地选择学习的课程种类。它依据不同学生的特点与发展方向，允许个人选择，是为适应学生的个性差异而开发的课程。选修课程一般分为限定选修课程与任意选修课程两类。限定选修课程是指在规定的范围内学生按一定的规则选择学习的课程。任意选修课程则是不加限制，由学生自由选择学习的课程。

五、国家课程、地方课程、校本课程

按照课程开发与管理主体，课程可分为国家课程、地方课程、校本课程。

（一）国家课程

国家课程也称“国家统一课程”，是由国家教育部门总体规划课程门类和课时，通过课程计划予以颁布与实施，确保未来公民的共同素质。国家课程集中体现了国家的意志，具有权威性、强制性。这是一个国家基础教育课程设计中的主体部分，是衡量一个国家基础教育质量的重要标志。

（二）地方课程

地方课程是指由地方组织开发并在本地实施的课程。也有广义和狭义之分。广义的地方课程既包括地方对本地的国家课程的管理和实施，也包括地方自主开发的只在本地实施的课程；而狭义的地方课程专指地方自主开发实施的课程，即由地方根据国家教育方针、课程管理政策和课程计划，在关注学生共同发展的同时，结合本地的优势和传统，充分利用本地的课程资源，直接反映地方社会、经济、文化发展的需求，自主开发并实施、管理的课程。在一般情况下，人们所谈的地方课程都是狭义的地方课程。

（三）校本课程

校本课程是学校根据国家的教育目的，在对学校条件和学生需求评估的基础上，充分利用社区和学校的课程资源而开发的可供学生选择的课程。校本课程的开发使学校、教师和学生改变以往被动的课程执行者、实施者、消费者角色，一跃成为主动的课程开发者、创造者，也有利于学校形成各自的特色。

国家课程、地方课程、校本课程的设置反映了不同权利主体在课程领域中的诉求，既是多方课程权力主体博弈的结果，又有利于课程适应不同地方、学校、学生的内在需要，它们之间应保持恰当的平衡。

第三节　教学过程的内涵与设计

一、教学过程的内涵

应该说，人们对教学过程的认识走过了一个由简单到复杂、由线性到非线性、由控制到开放、由静态到动态的发展历程，并且这个过程还没有结束。可以推测，随着人们认识手段的不断改进和认识水平的不断提高，对教学过程的认识还会有新的发现，也会越来越逼近教学过程的真实性存在。历史上，有许多对教学过程的经典研究，这些研究主要集中在教学过程的本质、教学的要素构成、教学过程中教师和学生的关系以及教学的主要矛盾上。了解和评述这些成果，是我们认识教学过程含义和特点的一个途径，同时也会帮助我们拓宽在教学过程内涵方面的视野。

（一）从对教学过程本质的认识看教学过程的内涵

对教学过程本质的研究主要是弄清楚“教学是什么”的问题。教育文献史上，对这个问题的探讨主要来自教育心理学家、教育学家、教育技术专家和教学论专家等。我们主要从传统认识和当代进展两个角度概要地了解这些观点，以利于我们历史地把握教学过程的内涵。

1. 对教学过程本质的传统认识

（1）刺激—反应论

持这种观点的学者主要是行为主义心理学家。他们从对动物的研究中得出了“刺激—反应”的学习规律，并把这些规律应用到教学中，认为教学过程是安排情境、控制反应，使学生形成适当的感应性，并通过强化练习，最终形成行为习惯的过程。行为主义的创始人华生认为“运用行为主义的原理可以塑造人类的任何行为，包括可接受和不可接受的行为。”对现代行为主义产生巨大影响的斯金纳还研究制造了程序教学机。显然，这种教学过程的最大特点就是过程的可控性、程序性和行为的训练性。

(2)探究、发现论

美国教育学家、心理学家布鲁纳认为教学应该是提高学生对事物的掌握、评价、转换和迁移的能力,教学就其实质来说,就是充分发挥其探究和发现的能力,从而获得知识和发展的能力。在教学中最好不要把学生当成被动的接受者,而要把学生当作主动获得知识的人。杜威认为教学就是学生经验重组的过程,这个过程需要借助学生的活动来探究和发现。在探究和发现的教学过程中,认识、经验和能力的获得是建构化和结构化的,学生学习的过程是直接经验而不是间接认识。

(3)特殊认识论

特殊认识论是我国教育理论者在学习苏联教育学之时,在结合辩证唯物主义认识论的基础上逐步形成的。苏联的一些教育家和我国教育学家王策三教授是这一观点的主要代表人物。他认为人类的认识过程与教学的认识过程是一致的,主要表现在认识主体、检验标准、认识顺序和认识结果的一致性上,但是作为教学过程中的认识又具有自己的特殊性,具体表现为认识的间接性、有领导和具有教育性三个特点上。

(4)认识发展论

实际上,认识发展论源远流长,从古希腊的许多教育家,如苏格拉底等,到近代的夸美纽斯等,以及现代的皮亚杰、赞科夫等,都把儿童的发展看作教学的本质任务。这种观点认为:"教学过程是一种特殊认识过程,也是一个促进学生身心发展的过程。"显然,这种观点已经超越了认识论的局限,看到了教学促进发展的作用。这种教学过程中表现出来的特点就是认识和发展的统一性,教和学的统一性,认识的间接性和发展的同步性。

(5)实践论

实践论包括特殊实践论和认识实践论。

特殊实践论认为,教学是一种特殊的实践活动。持这种观点的学者认为,教学实践是教师主体与学生客体之间能动而现实的双向对象化过程,也就是教学实践的客体的主体化和主体的客体化的辩证统一的过程。

认识实践论认为教学过程是一个包含着认识和实践两个方面的活动过程,是认识与实践相统一的过程。教学过程不仅是学生掌握人类已有的知识经验、发展认识世界的技能、能力的认识过程,而且还是一种师生共同参与改造主观世界、促进个性的改造和形成、促进个体社会化的实践过程。实践论的教学过程具有变化性、实践性、认识与实践统一的特点。

(6)情知统一论

情知统一论认为,教学过程是一个完整的心理动态体系,从心理过程来分析,情感和认知是主要的部分。其中情感因素起动力作用,认知因素主要介入学习，承担知识的接受、储存和转化的任务。教学中的这两个作用是统一在一起的，缺一不可。情知统一论从心理学角度探讨了教学过程，具有心理性的特点。

2. 教学过程本质认识的新进展

(1)特殊交往论

德国交往教学论学派把教学过程视为一种交往过程，用交往理论提出和分析教学过程，要求师生遵循合理的交往原则，发挥交往主体之间的能动作用，培育具有独立人格和合作意识的公民。强调以“解放”为教学目标与手段，并努力实现目标与手段的辩证统一。俄罗斯的季亚琴科也强调：“教学——这是交往，或这是在有知识和经验的人之间的交往的特殊场合，这就是教学的本质(教学——这是以特殊的方式有组织的交往，或教学是交往的特殊变体)。”[①]在我国，越来越多的人也认为教学是一种特殊的交往过程。叶澜教授认为教学过程是“一种有目的、有组织和有计划的师生交往活动”，“教学活动中没有师生共享的教学经验及成果，就没有交往，就谈不上是教学活动。”显然，交往本身就是特殊交往教学过程论的主要特点。

(2)特殊审美论

这种观点认为，教学过程的实质不但是教师指导学生个体的一种特殊的认识过程和发展过程，也是一种特殊的审美过程。首先，教学过程具有美的本质属性；其次，教学过程是审美者对审美对象有感知、感受、感动到最后形成一定的审美观念、趣味、理想、情感和能力的过程。这两个过程是相互锁定，统一互动的。特殊审美论解释了教学过程也是一个教学主体的审美过程，具有感受性、深刻性的特点。

(3)动态生成论

动态生成论认为，教学“就要把教学过程看作是师生为实现教学任务和目的，围绕教学内容，共同参与，通过对话、沟通和合作活动，产生交互影响，以动态生成的方式推进教学活动的过程。换言之，教学过程中师生的内在关系是教学过程创造主体之间的交往(对话、合作、沟通)关系，这种关系是在教学过程的动态生成中得以展开和实现的”。所谓教学过程的动态生成就是教学过程的预设和生成的统一过程，是教学前的弹性化方案和教学中不断重组各种各类即时的情境性教育信息的过程，这一过程是在动态中实现的，也是教学诸要素的和合作用的结果，其展开的逻辑是结构开放，多元

---

① 李锦贤．“在教学交往活动中渗透‘爱’的教育”的调查分析与思考[J]．教育导刊，2004(9)．

互动和动态生成。动态生成揭示了教学过程的复杂性和建构性特征。

(4)语言性沟通与合作论

该观点认为,教学从本质上就是一种“沟通”与“合作”的活动。因此,教学可以被理解为一种语言性沟通或语言性活动,其中“对话”是教学活动的重要特点。因为在教学过程中形成了多种多样的、多层面、多维度的沟通情境和沟通关系,这种关系是以集约化、高密度和多元结构的形式实现的。教与学是一种特殊的社会关系,表现为教育者与受教育者所形成的各种关系中的社会互动关系,即两者各自的主体关系,这种关系以沟通和合作的方式在教学要素的网状互动中展开的。人类的沟通与合作是以语言为媒介的。因此,我们也应该从语言过程的角度来把握教学活动。首先,教学贯穿并渗透了儿童语言发展的过程;其次,教学总是将教学内容转化为语言并以此为媒介进行;最后,教学训练着一定的认知方式与沟通方式,并且教学是语言文化与沟通文化的创造过程,也是奠定每一个学生学力成长与人格成长基础的过程。语言性沟通和合作的教学过程论强调了语言在沟通和合作中的重要中介作用,具有独特性、语言性和深刻性特点。

(5)非线性论

非线性论认为传统的教学过程是一个呈现出直线式可复原和可控制的封闭序列,批评传统教学过程研究的简单思维的研究向性,推崇后现代的复杂思维范式,认为教学过程的各个环节之间所建构意义不是呈线性的、序列的、积累的特征,而是呈现越来越有深度的、越来越丰富的、层层递进且回环往复的特征。其中每一个环节所建构的意义既是起点,又是转折点,同时还伴随着“涌现”。非线性教学过程论者揭示了教学的多维、复杂、开放、不可预测的一面,具有深刻性和启发性等特点。

(二)从教学过程的构成要素看教学过程的内涵

如果教学是一个时间序列的活动过程,活动中就必须包含各种活动的参与因素。显然,教学是由多因素参与的活动,教学过程的构成要素也就成了人们揭示教学过程内涵和特点的一个重要方面。教学论文献史上,对教学要素的研究主要集中在“三要素”“四要素”“五要素”“六要素”“七要素”“八要素”“九要素”以及“要素层次”论等观点。其中具有代表性的是“三要素”论。

“三要素”论认为,教学过程是由三个最基本的不能再减少的因素组成:教师、学生、教材。只是人们对“教材”这个要素具有不同的提法,如教学媒介,教学环境,课程,知识等。这三个要素构成教学过程中的“三角形”,也被称为教学论三角形。

它们的原理是：首先，教学过程的学习者是学生，教学是为了学生的学习而展开的活动；其次，学习是凭借教材（媒介）的中介而进行的，学习的本体不是来自教师，而是来自教材（媒介）；最后，协助和促进学生凭借教材进行学习的是教师。这三个基本要素，无论失去其中任何一个，都不能称其为教学。三要素论揭示了教学活动系统的最基本和简洁的教学架构，是教学得以形成的基本解析。

（三）从教学过程中的主要矛盾看教学过程的内涵

在认识和把握教学过程的内涵和特点时还应当关注教学过程的矛盾，因为，矛盾既是教学过程展开的动力也是教学过程需要解决的问题。但是，由于教学过程中所涉及的因素很多，它们之间会存在多种对立和交叉的网络矛盾关系，认识和把握这些矛盾也是认识和理解教学过程的内涵和特点的主要方面。“研究任何过程，如果是存在着两个以上矛盾的复杂过程的话，就要用全力找出它的主要矛盾。”显然，教学过程中的主要矛盾反映了教学过程的主要方面，处理好主要矛盾的关系也就基本能解决好教学要素之间的矛盾问题。如果认为教学的要素是教师、教材（教学媒介）和学生，那么，在教学过程中就可以构成最基本的三对矛盾：教师的教与学生的学的矛盾、教师与教材（媒介）的矛盾、学生与教材（媒介）的矛盾。对这样三对基本矛盾之间的关系，研究者持有不同的看法。

1. 教师的教与学生的学是主要矛盾

这种观点认为，教师和学生是教学过程中的具有主体能动性的人，教学的过程主要是围绕教师的教与学生的学而展开的，教材（媒介）只是教学过程中的中介。教与学的关系始终是推动教学过程向前发展的根本动力，既表明了教学的性质，又是整个教学过程的矛盾系统中起主要作用的矛盾，其他各种矛盾实际上都可以包括在教和学这对矛盾之中了，因为教学矛盾实际上就是教师讲授教材与学生接受教材的矛盾，这个矛盾解决了，其他矛盾也就基本解决了。

2. 学生与教材的矛盾是主要矛盾

这种观点认为，教学的过程是学生掌握教材（教学内容）的过程，因为，教学的最终目的，就是要教会学生掌握人类全部知识体系中最基本的内容，而教学内容对学生来说属于未知领域，掌握这些内容，是学生认识世界的一个过程，因此，学生与教学内容（教材）之间的矛盾是教学过程中教师需要解决好的一对主要矛盾。这对矛盾解决好了，教学的任务也就基本达到了。

3. 教师和教材的矛盾是主要矛盾

持这种观点的人认为，在教学过程中，教师对教材的掌握直接关系到教师对教材的讲授并直接影响着学生的接受。具体说来，这对矛盾主要表现在教师了解教材和掌握教材上，表现在教师对教材内容知之不多、知之不确切或根本不知上，表现在教师能否更好地引导学生的学习上，表现在教师如何使书本知识变成学生可接受的知识，成为学生的知识财富上。

二、教学过程的设计

（一）教学过程设计的特点

教学过程设计是组织教学的重要依据，伴随着社会的变化发展，教育界对于教学理论与实践的研究也不断出现新的高度，人们对教学过程设计的特点也有了一些新的认识。具体来说，教学过程设计的特点主要包括以下几方面。

1. 认识的特殊性

认识的特殊性是指在教学过程设计中，学生个体的认识过程具有区别于人类总体认识活动的显著特点。其遵循人类一般认识规律，但却又具备自身的特殊性。具体来说，这主要表现在认识对象的特殊性、认识条件的特殊性、认识任务的特殊性、认识主体的特殊性等。

2. 实践的特殊性

教学过程设计通常是依照一定的学习任务和学习内容，并按照人类认识规律和学生认识特点而组织、开展的逐步掌握和运用知识的实践过程。在这一实践中也具有一定的特点，具体来说，这些特点主要包括以下几方面：实践的目的具有特殊性；实践的环境具有特殊性；实践的方式具有特殊性。

（二）教学过程设计的规律

1. 教师与学生的和谐统一

教师与学生的关系以及二者在教学过程设计中的地位和作用，可以说是教学理论与实践中的核心问题之一。在如今的教育界，教学中教师的主导作用和学生的主体地位是紧密相连、辩证统一的。因此,教学过程设计可以说是师生双边互动的一个过程。教师的主导作用是学生有效学习和发展身心的必要条件之一。而调动学生学习的主动性、积极性,则是教师有效教学的重要因素。

2. 教育的知识性和思想性相统一

这一规律是教学教育性的实质反映。教学过程设计不仅是教授的过程,同时也是一个育人的过程,即它不仅是学生掌握知识发展能力的一个过程,同时也是学生接受思想品德教育的过程。无论施教者的主观意识如何,学生在接受知识教育的同时,都客观地受到一定政治立场、世界观、方法论的诸多影响,并且受到一定意识形态、文化观念、伦理道德的熏陶等。在教学活动中,教师引导学生掌握知识的过程,也就是提高他们思想觉悟的过程。

3. 直接经验与间接经验相统一

直接经验与间接经验相统一的规律主要表现在以下两方面。

第一,学生主要是学习间接经验。学校为了使学生能够在最短的时间内,以最为有效的形式认识世界,便在教学中要求教师以学生身心发展规律以及一定的社会需求为参考,将人类长期积累起来的科学文化知识有选择地编排成教材,从而引导学生循序渐进地学习。这种间接经验的学习在提高了学生认知效率的同时,也使学生避免重蹈前人的错误,从而能使学生较为快速地掌握人类创造的基本知识。

第二,间接经验的学习要以学生的直接经验为基础。不论书本知识如何精确、完整,对学生而言,它们也只是一种十分抽象的概念。毕竟对于他人的认识成果,并不是每一名学生都能够轻易理解的。如果教师想要让学生理解书本知识,那么就需要将这些知识建立在他们所已经具备的知识的基础之上,即以他们所积累的或现时获得的感性经验为基础。所以,在教学过程中,教师应创造感性材料或者采取直观等手段,使学生获得一定的感性认识,也可充分利用学生已有的经验,增加学生学习新知识所需要的感性认识,使教学工作得以最终完成。

（三）教学过程设计的基本环节

教学过程设计的基本环节,即教师引导学生掌握知识的基本环节或阶段。随着心理学理论的发展,教学过程设计的基本环节是教学活动的运动、变化、发展在时间序列上展开所需要经历的基本阶段。概括来说,教学过程设计主要包括以下几个基本环节。

1. 明确教学目标

明确教学目标，即按照国家的课程规划和培养目标，预先设想、确定教师和学生在教学过程中所需要完成的教与学的具体任务。在所有环节中，这是第一个环节，也是非常重要的一个环节，其对整个教学过程设计环节起到了导向的作用。

2. 激发学习动机

教学活动是一种双向活动，没有学生的参与，组织最好的课程也达不到预定的目标。因此，教师必须激发和调动学生的学习积极性。学习活动总是在一定的情感和愿望影响下进行的，而“动机是激发和维持个体行为指向某一目标的内部力量”。引起学习动机的目的就是为了帮助学生保持积极学习的状态。需要注意的是，该环节用时不宜过多。当学生的学习动机被有效地激发出来后，教师应以最快的方式引导他们积极投入学习之中，从而不断强化他们的学习动机。

3. 感知教学内容

感知教材、构成表象是学生理解知识的起点。在教学过程设计中，学生学习的主要对象是书本知识，即学生主要是通过学习书本知识来掌握知识、发展技能的。学生要感知这种间接经验知识，就必须以他们自己的生活经验或有关的感性知识作为基础。因此，教材的设计应以多样化的方式呈现内容，并在内容设计上创造某种情境，让学生能够得以感知。

4. 理解教学内容

理解教学内容，就是要求学生领会书本上的理性知识，从而达到对客观事物本质及其规律的认识。教师的主要任务就是为学生提示一些思路，积极引导学生去进行主动探索等。与此同时，教师还要注意学生的观察力、记忆力和想象力等的培养。因此，理解教学内容可以说是整个教学过程设计的中心环节。

5. 巩固教学内容

巩固教学内容，即学生将所学的知识经验牢固地保存在记忆之中，以备后续学习之用。巩固教学内容是学生掌握知识的重要环节：没有知识理解，也就没有知识巩固；而没有知识巩固，也就没有知识运用。教师要给学生提出一定的记忆要求,并指导学生记忆。另外,教师还要注意及时组织复习和练习来巩固教学内容。学生对知识的实际运用,是知识巩固的方法或者重要手段之一。可见,巩固教学内容在学生掌握知识过程中具有承上启下的作用。其实,巩固教学内容是始终贯穿于教学过程设计的一个重要因素。毕竟学生以接受间接经验为主,如果不及时进行巩固强化,很快就会遗忘,不利于对后续经验的学习。

6. 运用教学内容

将所学知识运用于社会生活或者实践活动是帮助学生加深对理论知识的理解,并形成分析问题和解决问题能力的关键所在。虽然学生运用知识是在理解知识和巩固知识的基础之上而完成的,但其在培养学生的独立思考能力和创造能力方面,却具有相当重要的实践意义。在对教学内容进行初步运用之时,学生可以通过多次的模仿性练习,使自己能够应付较为简单的困难,从而初步掌握解决问题的技能、技巧。与此同时,教师应引导学生学会综合运用所学知识,并引导学生在运用知识时积极发挥一定的创造性。鼓励学生在模仿中进行创新,这样在面对一些棘手的问题和突发事件时会有良好的应对能力。如此一来,一方面可以深化学生所学习的知识,使知识的运用更为自如,做到举一反三;另一方面,这也能够促进他们技能的不断形成。

7. 测评教学效果

测评教学效果是获得理想教学效果的一个重要环节。科学研究结果显示,任何系统只有通过信息反馈才能实现有效的控制,从而达到预期的目的。教学作为课程与教学大系统中的环节之一,如果想要达成预期的课程与教学目标,那么,就必须通过信息的及时反馈,实现对教学过程的有效的控制。而教学效果的检查、测量和评价,是获取反馈信息的重要来源与途径。

(四)教学过程设计的组织形式

教学过程设计的组织形式“就是教学活动中师生相互作用的结构形式,或者说,是师生的共同活动在人员、程序、时空关系上的组合形式”。其与教学任务、教学活动有着十分密切的联系,都是为了保证教学任务的顺利完成,提高教学质量,使学生可以正确地理解、掌握知识与技能,促进学生个性的发展和情感价值观的形成。教学过程设计组织形式的类型有以下几种。

1. 现场教学

现场教学是教学的一种辅助形式，同时也是在社会现实活动中进行教学的一种重要组织形式。在这一教学组织形式中，学生通过自然或者社会实践获得必要的直接经验，并通过运用所学知识在实践中检验其正确性。这一教学形式能够有效地开阔学生的视野，激发学生的学习动机，培养学生勤于思考的良好习惯，并使学生的情感、态度、价值观等得到塑造。可以说，现场教学是课堂教学的一种延伸、继续以及深化。

(1)现场教学的分类

现场教学可按照目的和任务的不同，分为两种类型：一类是教师按照教学内容的需要，安排学生到有关现场进行教学；而另一类则是学生为了从事某种实践活动，由于抽象的理论无法满足学生的这一需求，所以到现场学习有关的知识或技能。

(2)现场教学的注意事项

教师在实施现场教学应考虑以下几方面内容。

第一，做好充分的课前准备。在进行现场教学前，教师应设想教学中可能会出现的问题或情境，认真考虑现场教学所需要的各方面因素。

第二，明确教学目的。对于教学所要达到的教学效果，或者要让学生掌握哪些具体的知识内容，抑或要解决什么问题，教师应有一个十分明确的认识。

第三，应具备较强的现场指导能力。教师在进行现场教学时，可能会发现学生遇到一些较为棘手的问题或麻烦。对此，教师应当依据学生的具体情况有针对性的指导，如多鼓励学生自己动手操作、鼓励学生通过合作共同解决问题等。

第四，及时做好总结归纳。现场教学不仅重视过程，同时更为重视对过程的总结归纳，以获得反馈信息。因此，教师应积累现场教学经验，使学生的知识体系得到梳理。

2. 复式教学

复式教学是在同一节课堂中，将两个或两个以上年级的学生(即不同年级的学生)编在同一个班里，由一位教师分别以不同程度的教材内容、采取直接教学和自动作业交替的办法而进行的教学组织形式。复式教学是一种较为特殊的教学组织形式，是由于一些地区的教育条件和经济条件落后或不平衡而产生的。

复式教学保持了班级教学的一切本质特征，从某种程度上来说是班级教学的一种较为特殊的形式。不过，两者之间也有一定的差异。当教师为一个年级上课时，其他年级的学生则需要按照教师的指示进行预习、复习、练习或做其他作业。一般来说，复式教学具有学科多、课时少、任务重、备课难度大等特点。由于这一教学组织形式在时间分配、秩序维护和处理问题上相对较为复杂，所以也就对教师提出了更高的要求。

3. 课堂教学

课堂教学又被称为班级授课制，是教学的基本组织形式，即在由一定数量、年龄、知识水平的学生组成的教学班中，教师依照国家的教学目标要求以及学校规定的课程、教学进度、教学时间表等，对学生进行集体教学的一种组织形式。该教学组织形式出现得最早，发展历程也比较长。

(1)课堂教学的优点

一般来说，课堂教学主要具有以下一些优点。

第一，学生可有效地获得较为系统的学科知识。在这一授课制中，不同学科的教师可以教授不同的学科知识，从而弥补学生知识间的空隙与不足。不仅如此，教师可使学习活动循序渐进，从而使学生可以较为牢固地掌握各学科知识。

第二，教师可充分发挥自身潜能。在这一授课制中，教师可利用自己的专业知识进行班级教学，从而可以充分发挥自身的潜能，实现教师资源的良好利用。

第三，可利用集体的力量将教育的作用得以最大化地发挥。在这一授课制中，学生之间可互帮互助、充分沟通，从而培养他们的团队精神、团结意识。

第四，可有效地提高教学效率。在这一授课制中，由于每个班的学生人数往往较多，因此，教师通过面向全体学生进行授课，就可以提高教学效率，避免了因小班教学而耗费大量的人力、物力、时间资源等。

第五，可顺利地完成教学任务。由于这一授课制是经过统一的计划与安排的，因此，其教学要求和教学目的的制定往往较为合理，这也就使教学任务能够得以顺利完成。

(2)课堂教学的缺点

课堂教学也存在一定的不足之处，并主要表现为以下几点。

第一，由于授课方式与授课内容过于整齐划一，不利于进行因材施教。由于教师面向全体学生进行授课，因此，便采用统一的教材、统一的要求、统一的速度等。而学生的基础、能力、水平等并不是完全相同的，因此，这一授课制不利于因材施教。

第二，教学领域较窄，通常局限于课堂之内。这不利于让学生有效地联系生活实际，而且十分容易产生理论与实践相脱离的现象，从而让学生无法真正理解知识，不利于他们将知识运用到实际中。

第三，学生与学生之间难以形成团结合作、共同完成学习的良好学习习惯，这也就使得同一班级的学生缺乏真正的集体性。尽管教师面向所有学生同时施教，但其实并不需要学生与学生之间的配合才能完成学习任务。换言之，每个学生个体对教师负责，而学生彼此之间却很少有分工合作，并对其他学生不承担责任，因此，也就没有了必然的依存关系，自然也就无法具有真正的集体性。

为了弥补班级授课制的一些不足之处，教师在这种教学组织形式中可以实行小组教学和个别教学。这两种教学组织形式可以说是班级授课制的重要补充形式。因此，小组教学和个别教学与班级授课制有机地结合起来才能充分发挥优势，使它们相得益彰。

(五)教学过程设计的基本程序

第一，确定学生必须达到预期的学习目标，并在分析教学任务的前提下，用可观察和可测量的行为变化来呈现教学目标。

第二，分析和确定学生的学习起点状态，包括他们的认知水平、技能和学习态度等。

第三，分析和确定学生的学习起点状态与教学目标要求之间的差距水平，并考虑选择恰当的教学媒体和技术。

第四，考虑呈现学习内容的方式和方法，分析和制定教学策略。

第五，分析用什么方法能引起学生的反应并如何提供反馈。

第六，考虑如何采用补救措施并修改设计。

第七，分析和确定如何进行教学评价以检查和评定教学效果。

第四节　教学的组织形式

一、教学组织形式的含义和发展

(一)教学组织形式的含义

教学组织形式是教学中师生的组织方式及教学时间和空间的安排方式，是教学系统中抽象程度最高的一个因素。班级授课制是现代学校中最基本的教学组织形式,它具有效率高、便于教师主导等优势,但也有不容忽视的局限。

(二)教学组织形式的变化发展

教学组织形式是社会生产和经济发展的要求与可能在教育中的反映,每一种教学组织形式都有其产生的历史背景,并伴随着人类社会的发展不断变迁。主要变化发展脉络如下。

1. 个别教学

个别教学产生于古代,是古代社会中主要的,甚至是唯一的教学组织形式。个别教学就是教师根据不同水平分别教授一个或几个学生。这种教学组织形式的特征是:教师同时只与个别学生发生联系;学生年龄和文化程度参差不齐;教学内容和进度缺乏计划性与系统性;教学活动和教学时间没有明确的规定。这种教学形式较适合学生人数少的教学要求;其办学规模小、速度慢、效率低,但却能较好地适应个别差异。

2. 班组教学

班组教学又称“群体教学”,是初级的集体教学形式。在这种教学组织形式下,教师同时教一群学生,但不是固定的班级,学生彼此年龄和程度各不相同,学习进度、修业年限也不一样。班组教学的发展,为班级授课制的萌芽奠定了基础。

3. 班级教学

班级授课是把一定数量的学生按年龄与知识程度编成固定的班级,根据周课表和作息时间表,安排教师有计划地给全班学生集体上课。在班级授课制中,同一个班的每个学生的学习内容与进度必须一致,但开设的各门课程,特别是在高年级,通常由具有不同专业知识的教师分别担任。班级教学是在班组教学的基础上发展而来的,它适应了资本主义及其生产发展的需要,同时也为各国教育的普及和教学质量的提高提供了有效的形式。

4. 道尔顿制

随着班级授课在学校中的普及,其固有的缺点也暴露出来,从 20 世纪初开始,随着进步主义教育思潮的兴起,出现了许多否定班级授课、倡导学生独立活动的教学组织形式,道尔顿制就是其中之一。1920 年,它由美国人帕克赫斯特在马萨诸塞州道尔顿中学创行。这是一种典型的自学辅导式的教学组织形式，以各科作业室代替教室，教师每周进行有限的集体教学，然后指定学习内容，师生订立“学习公约”，学生接受学习任务，在各科作业室自学，独立完成作业，然后接受教师考查，合格后又接受新的学习任务。

该形式以自学为主，有助于培养学生的自学能力，学生按自己的能力确定内容与进度，能较好地适应个别差异。但易放任自流，难以保障教学活动的效率。由于没有固定的班级组织，学生之间缺乏相互作用，不利于学生社会化和个性的全面发展。

5. 分组教学

为解决班级授课制不易照顾学生个别差异的弊端，19 世纪末 20 世纪初在西方出现了分组教学制。各国的分组教学可分为两大类，一类是外部分组，一类是内部分组。

6. 开放课堂

开放课堂又叫“开放教学”。第二次世界大战期间在英国幼儿园得以使用，20 世纪 60 年代在小学推广，70 年代传到美国并在小学采纳。开放课堂的特点是教师不再分科系统地按照教材传授知识，而是为学生创设学习计划，由学生根据自己的兴趣在教室或其他场所自由活动或学习。对这一教学组织形式，人们褒贬不一。有人批判这是“儿童中心主义”的复活，听任学生的自由发展，意味着放弃教育要求。有人认为它符合现代“非正式教育”发展的趋势，成人不应预先决定学生的价值选择，而应让其成为自己所向往的人物，它能使学生成为有创造力的、善于发现的人。

二、教学组织形式的选择

教学组织形式主要根据以下几个方面的内容来进行选择。

第一，根据教学的具体任务来进行选择。组织教学是为了完成一定的教学任务，所以教学任务是选择教学组织形式的首要考虑因素。教学任务有所不同选择不同的教学组织形式。如教学的任务是传授新知识的话，那么，班级教学就是最合适的教学组织形式。但如果教学的任务是要培养学生的一些技能和技巧的时候，就不能再选择班级教学，而要选择小组教学的形式。

第二，根据教学的内容来进行选择。教学内容不同，就应该选择不同的教学组织形式。学校的课程有不同的学科，每一门学科的内容都有所不同，语文、数学、英语、自然等，都应该根据其内容的性质来选择不同的教学组织形式。即使是同一门学科中,也有难易不同的教学内容,也需要具体问题具体分析,采取不同的教学组织形式。

第三,根据不同的教学对象进行选择。教学对象也是一个会对教学组织形式的选择产生重要影响的因素。因为处于不同年龄阶段的学生,他们的身心发展水平存在诸多差异,因此,在选择教学组织形式的时候要多多考虑这些差异,选择最合适的教学组织形式。

第四,根据学校的具体情况进行选择。在选择教学组织形式时,应该考虑教育的现有条件、学校的文化背景等因素。比如选择开放教学就要求具备师资充足、班级规模小、教室空间大且设备齐全等条件;而选择小组合作学习的形式,则要求学校具有合作分享的文化氛围。此外,教室的布置、座位的安排,潜在地影响整个课堂气氛,制约学生的学习模式。

第五节　教学方法的类型与选择

一、教学方法的类型

从教师、学生、教材与环境几个方面交互作用的角度来审视教学方法,可以把纷繁复杂的教学方法归结为三种基本类型,即提示型教学方法、共同解决问题型教学方法、自主型教学方法。

(一)提示型教学方法

提示型教学方法,就是教师通过一些具体的提示活动来进行课程的教授。这种教学方法由来已久,并且在今时今日的教育实践中,依然发挥着重要的作用。提示型教学方法有利于学生对教学内容的快速掌握。

一般认为,提示型教学方法主要包括四种形式:“示范”“呈示”“展示”“口述”。下面我们对这四种形式进行简要阐述。

示范,指的是教师在课堂上通过一些特定的活动、行动以及态度的演示,让学生进行学习和效仿的教学方法。在教学实践中,很多课程内容的教学,仅仅依靠语言和文字是无法达到良好的教授效果的,这个时候,借助示范,就可以有效地对这部分内容进行教授。在学生的学习和成长过程中,教师、同学以及整个社会生活都自觉不自觉地起着榜样的作用。

呈示,呈示是一种非常直观的教学方法,在课堂上,教师借助绘画、模型、标本等静态的物体进行课程内容的教授,这种教学方法最大的优点就是可以借助这些静物把那些靠语言无法传达的课程内容直观地呈现给学生，让他们比较容易地领悟课程内容，这种教学方法的特点是，呈示所借用的手段都是静止的，不管是绘画、挂图还是模型，学生都可以对其进行反复的观察。

展示，是通过把事物、现象的经过和过程直观、动态地呈现出来而进行教学的方法。包括：现场参观，让学生观察正在进行之中的活生生的现象；演示实验，看软件、听文学或音乐的录音带等，在课堂上再现事物、现象的经过与过程。展示与呈示不同，展示是动态的，是观察运动着的事物，它要求学生集中注意力进行观察。应当说，展示比呈示更加生动，对培养学生的观察力更加有利。

口述，所谓口述，是通过语言提示课程内容的教学方法。口述法所表达的内容包括：关于在特定时空背景下所发生的事件与现象的描述；关于各种理论性事实关系（逻辑推理关系）的叙述；主体的情绪情感和审美体验的表达；等等。口述的形式包括报告、讲话、讲解、叙述等。通过口述法，学生可以获得知识、发展认知能力和接受学习能力。

在实际教学过程中，示范、呈示、展示、口述等提示型教学方法可以根据具体课程与教学目标、具体课程内容的需要结合起来使用，以获得理想的教学效果。

（二）共同解决问题型教学方法

共同解决问题，就是教师和学生进行合作，共同完成课堂教学。具体而言，就是需要教师和学生共同对课堂上出现的问题进行讨论、探究和解决，在这个过程中，学生可以更深刻地理解教学内容，获得的知识技能也会更加令人难忘。这种教学方法最大的特点就是学生可以积极地参与到教学过程中来，而不是一味的接受教师的教授。“教学对话”和“课堂讨论”是两种常见的共同解决问题型教学方法的形态。

（三）自主型教学方法

自主型教学方法是学生独立地解决由本人或教师提出的课题，教师在学生需要的时候提供适当帮助，学生由此获得知识技能、发展能力与人格的教学方法。自主型教学方法最大的特点就是学生的地位发生了巨大的变化，他们要在教学中进行更多的自我活动。自主型教学方法更多地强调学生的自我活动性和自主性。需要注意的是，这种方法并不是要削弱教师的作用，而是要培养学生的自主学习和自我活动的能力。

大量的教学研究表明，自主型教学方法只要运用得当，可以取得非常意想不到的积极效果。具体而言，体现在以下几个方面。

第一，自主型教学方法可以提高掌握知识技能的效果。在自主型教学方法下学习的学生，会更加的自觉，对于学习会更加主动，这样状态下学到的知识技能一般会更为深刻持久。

第二，自主型教学方法可以促使学生形成良好的学习态度与习惯。兴趣是学习最好的老师，学生在自主型教学方法下会根据自己的兴趣选择课题，有利于他们集中注意力，形成良好的学习态度，也愿意为自己的兴趣付出汗水，形成刻苦学习的习惯。

第三，自主型教学方法可以提高学生的自主学习能力。实践证明，恰当地运用自主型教学方法有助于自主学习能力的形成。

第四，自主型教学方法对于学生成绩经常出现的两极分化有极为明显的消除作用。学生之间之所以会出现成绩的两极分化，其中很大的一个原因就是教学方法不科学不恰当。而自主型教学方法却可以照顾到每个学生的个性差异，尊重他们的学习风格，这样一来，每个学生的学习积极性都会得到极大的提高，进而提高学习成绩。

二、教学方法的选择

教学方法的选择是根据特定课程与教学目标的要求以及课程内容的特点，对提示型教学方法、共同解决问题型教学方法、自主型教学方法做出取舍与搭配，以形成一个教学方法体系或结构的过程。这意味着教学方法的选择最起码要符合以下三方面的要求。

（一）教学方法的选择要符合特定的课程与教学目标

教学方法与教学目标是统一的关系，教学目标是教学方法的灵魂。教学方法的选择本质上是教育价值的选择，明确特定的教育价值观及相应的课程与教学目标，是选择教学方法的基本前提。教学过程中的方法总是具体的、与情境关联的；与特定教师的教育价值观和教学风格关联、与特定课程与教学目标关联、与特定学生的兴趣与需要关联、与特定社区的需求关联。

因此，不同教育情境中的教学方法的借鉴绝不是方法本身的简单移植过程，而是一个深刻的教育价值观念的冲突与融合的过程。因此，教学方法的选择一定要符合特定的课程与教学目标，如果不考虑教育价值观及相应的课程与教学目标，在移植教学方法的时候不考虑具体的教学情境而做出相应改变，那么，一定不会取得良好的效果。

(二)教学方法的选择要适合特定课程内容

教学方法无法脱离教学内容,二者是内在统一的关系。所以,在选择教学方法的时候一定要适合特定的课程内容。课程内容极为丰富,而且不同的学科课程其内容也有很大差异,所以,绝对没有一成不变的教学方法,教学方法的选择必须与特定课程内容契合起来。只有这样,才能将学科知识和生活经验很好地传递给学生。

(三)教学方法要有系统的体系

教学方法绝对不是独立于各个内容之外的,教学方法首先自己要形成一个具有内在统一性的体系或者结构。教学方法并不是一成不变的,课程与教学目标的要求,课程内容的特点都是变量,教学方法的选择需要根据具体的教育情境,与以上这两个要素进行不同的优化组合,只有这样,才可以发挥整个教学系统的最大效用。

第七章　课程与教学的实施模式构建

课程与教学实施从本质上来说是一个行动的过程，通过这一过程可以将观念形态的课程与教学转化为学生所接受的课程与教学，进而实现课程与教学的内在教育意义。此外，课程与教学的实施状况对教育教学的效果与质量有着重要的影响，因此，必须注重课程与教学的有效实施。

第一节　课程实施的内涵与影响因素

一、课程实施的内涵

（一）课程实施的含义

对于课程实施的概念，国内外学者从不同的视角对其进行了界定。概括来说，国内外学者对于课程实施的界定主要有以下两种。

第一，将课程实施作为课程开发和编制的一个重要环节，认为课程计划的实施过程便是课程实施。例如，美国学者奥恩斯坦等人认为，“课程实施是一个‘做’(doing)的过程，它致力于改变学习者个体的知识、行为和态度。它是一个创造课程方案者和传递课程方案者之间的互动的过程。”[①]

第二，将课程实施归入课程变革的研究范畴，认为将课程变革付诸实践的过程便是课程实施。例如，加拿大教育改革专家富兰认为，将某项改革付诸实践的过程便是课程实施，因此，课程实施是课程变革过程中的一个重要环节或者说重要阶段。当前，富兰对课程实施的这一界定已成为经典。

从本质上来看，课程实施就是一个行动的过程，通过这一过程可以将观念形态的课程转化为学生所接受的课程，从而使课程的内在教育意义得到真正实现。

---

① 李孟辉．高校课程研究[M]．上海：上海交通大学出版社，2012：55.

(二)课程实施的层次

依据国外课程学者的研究,课程实施包含以下几个层次。

1. 改变教材

学校在对教学进行组织、教师在对教学活动进行设计时,教材是不可或缺的一个参考因素。同时,学生进行学习活动,教材也是主要资源。因此,课程实施的第一个层次便是改变教材。

所谓改变教材,就是为了付诸实施新的课程方案而编写一套与之相配套的教材。同时,改变教材要包括与新课程方案相适应的内容、编排顺序、呈现方法、教学方法等方面,以最大限度地保证课程实施的效果。

2. 改变组织方式

教师在制定了一个新的课程方案后,往往需要一个与之相适应的组织方式,这就需要在一定的程度上改变原有的组织方式。因此,课程实施的第二个层次是改变组织方式。

对学生分班的安排、对学生分组的安排、对教学时间的安排、对教学空间的安排、对教学人员的分配等,都属于组织方式。因此,改变组织方式时可以根据实际情况从这些方面着手。

3. 改变角色或行为

改变角色或行为处于课程实施的第三层面。同时,改变角色或行为是课程实施取得实质性效果的重要标志。

在实施一个新的课程方案时,只改变教材和组织方式是远远不够的,还需要改变与课程实施有关人员的角色或行为,以真正落实课程的理念与目标。同时,与课程实施有关人员的角色或行为的改变并不是千人一面的,需要依据本学校和本班级学生的实际情况来确定自己在每一项活动中的角色与行为,以及自己应以什么样的角色与行为来对待每一个具体的学生。

4. 改变知识和理解

改变知识和理解处于课程实施的第四层面。这里所说的知识和理解指的是课程实施者对课程及其相关知识的理解和把握,具体包括以下几方面的内容。

第一,对课程各要素的意义及关系从理论上进行认识。

第二,对新课程方法提出的基本理念以及这些理念的依据与作用进行理解。

第三,对课程的目标、内容与方法的实质及其所反映的理念与基础进行认识。

5. 内化价值

内化价值处于课程实施的第五层面。所谓内化价值,就是课程实施者将新课程提倡的价值观内化为自己的价值观,从而能够自觉地去执行课程的各组成要素。

在课程实施中,内化价值需要一个过程,因而,不能指望大多数的课程实施者在课程实施的初期便达到内化价值,他们通常需要经过一段时间的理解与认识,并在实践中不断体验与深化,进而逐步实现内化价值。同时,在课程实施中,并不是所有的课程实施者都能达到内化价值,因而也不能够要求每一个课程实施者都必须达到内化价值这一层次。

这里需要特别指出的是,课程实施的这五个层次是相互联系、缺一不可的,只有将它们合理地组合在一起,才能顺利地实现一个或一组特定的教学目标。

二、课程实施的影响因素

课程实施的过程是十分复杂的,会受到多种因素的影响。同时,随着社会的发展,影响课程实施的因素也会发生一定的改变。就当前来说,以下几个因素对课程实施的影响最大。

(一)校区的整体情况

校区的整体情况对课程实施的影响是十分明显的,这里的校区就是一所学校所处的区域。校区对课程实施的影响,具体来说有以下几个。

1. 课程改革被地方、学校和教师所需要的程度

课程改革被地方、学校和教师所需要的程度,会对学校以及教师实施课程的积极性和主动性产生深刻的影响。因此,课程改革的需要是影响课程实施的重要因素之一。但是,课程改革的作用有时并不能直接被看出来,原因如下。

第一,课程改革可能会使学校的负担增加。学校在考虑课程改革是否需要时,往往需要将其与其他各种需要结合起来考虑,进行综合考量。

第二,课程改革的需要程度有时在课程改革之初并不十分清楚,尤其是

那些极其复杂的课程改革。

第三，对课程改革的需要在与其他的因素结合后会产生不同的模型。而根据不同的模型，在进一步实施过程中，需要可能变得更清楚或更模糊。

因此，在对课程予以实施的过程中，应当充分考虑课程改革的参与者是否需要进行课程改革以及需要的程度、变化趋势等。

2. 课程实施的主体对课程改革的清晰程度

在课程实施的影响因素中，课程实施的主体对课程改革的清晰程度也是不容忽视的。只有课程实施的主体对课程改革的目的、方法以及其他方面问题有十分清晰地认识，才能真正保证并增加课程实施的效果。

(二)课程改革本身的特征

在课程实施的影响因素中，课程改革本身的特征是最为重要的一类。具体来说，课程改革本身的特征主要包括以下几方面的内容。

1. 课程改革是否必要

对课程进行改革是一项十分复杂的工作，需要花费大量的时间和精力实施。因此，要想让人们认可课程改革，那么，课程改革本身必须是必要的。但需要注意的是，一项课程改革不可能对所有人来说都是必要的，因而，在对“必要性”进行界定时需要从整体的角度出发，即对教育的发展、对学生的发展是有利且必要的。

2. 课程改革方案是否清晰

课程改革方案是否清晰，指的是课程改革方案本身的结构和表述是否明白、清楚。通常来说，一项新的课程改革方案会包含很多的新概念和新结构方式，对于这些内容人们若是不理解，便会使这一改革方案的实施困难重重。因此，在准备课程改革的方案时，要在不影响改革性质的基础上，尽可能使用人们熟悉的语言和结构，以免因表述问题而使课程改革的实施受到影响。

3. 课程改革内容是否复杂

课程改革的内容是否复杂，将会对课程改革的实施产生重大的影响。一般来说，课程改革的内容复杂，可能是因为有太多的东西需要改变，也可能是因为改革的内容跳跃性太大。而且内容越复杂的课程改革，实施起来的困难就会越大。

4. 课程改革方案的质量与实用性

课程改革方案的质量与实用性对课程的实施也会产生重要的影响。通常来说，质量越高、实用性越强的课程改革方案越容易被实施者理解和接受，也越容易产生实效。

（三）学校的水平

学校的水平对于课程的实施也有着不容忽视的影响。同一个课程改革方案有可能在一个地区、一所学校取得了成功，在另一个地区、另一所学校却不成功，原因就在于学校的水平不同。具体来说，学校的水平对课程实施的影响主要表现在以下两个方面。

1. 校长的水平

学校是课程实施的主要机构，学校在课程开发、变革中的地位不容忽视。而校长是学校课程的领导者、组织者和推动者，在课程改革中无疑起着至关重要的作用。校长在面对课程改革时，相比教师来说需要承担更多、更大的压力，既要做学校教师的工作，又要面对社会和上级行政部门。而且校长如果对新课程改革的理念和措施产生困惑、对新的课程改革缺少必要的准备，则无法保证在学校中贯彻课程改革的理念和措施，要对新课程进行创造性地实施更是难上加难。因此，有必要对校长进行专门培训，使其真正认识到课程改革的必要性以及实施课程改革的措施是课程改革得以有效实施的重要保证。

2. 教师的水平

教师是直接的课程实施者，因此，教师自身素质、对新课程的理解、教学观念、教学方式等对课程实施成败起着关键作用。此外，由于教师的教育行为不是孤立的，因此，教师之间的工作关系也会影响到课程实施。

（四）学校外部环境

学校外部环境也是影响课程实施的一个重要因素，具体表现在以下几方面。

1. 政府部门的重视

政府部门包括一般的政府部门和教育行政部门，其中教育行政部门在课程的选择、启动和推广等阶段起着决策的作用，也有制定和调整有关政策、鼓励和支持学校进行课程改革的责任。因此,课程实施离不开政府部门对课程改革的认同、关心和支持,否则,任何的课程改革都不可能顺利进行。

2. 家长的协助

在课程实施中,决不能忽略家长这一重要的影响因素。家长往往对学校有着较高的关注程度,对学校的教育改革也往往有较多的关注,这是因为学校以及学校的教育改革对他们孩子的发展有着直接的影响。因此,在实施课程改革时,需要使家长对课程改革的意义、目标有较深刻的认识和了解,从而争取他们对课程实施的支持。

3. 社会团体的支持

通常来说,学校只有得到具有相当实力的社会团体的支持才能获得更多的资源,进而顺利推进课程实施。因此,社会团体的支持也是影响课程实施的一个重要因素。

(五)学生的参与情况

学生作为课程实施的重要参与者,也是一种重要的课程资源。他们对课程实施的进程会产生重要的影响。同时,学生对于课程改革的理解、他们的知识经验和学习态度等,都会对课程实施产生一定的影响。

第二节　课程实施的基本取向与基本模式

一、课程实施的基本取向

对课程实施过程本质的不同认识以及支配这些认识的相应的课程价值观,便是课程实施的取向。[①] 就当前来说,课程实施的基本取向有以下几个。

(一)忠实取向

在课程实施的取向中,忠实取向是不容忽视的一个。

① 张华. 课程与教学论[M]. 上海:上海教育出版社,2000:335.

1. 忠实取向的观点

课程实施的忠实取向认为，对课程予以实施的过程也就是忠实地执行课程计划的过程。因此，在对课程实施的状况进行衡量时，最基本的标准便是课程实施过程对预定的课程计划的实现程度，即实现的程度高则课程实施是成功的，否则，是不成功的。

2. 忠实取向的特征

课程实施忠实取向的特征，主要体现在其对课程、课程知识、课程变革、教师角色以及研究方法论的认识方面。

(1)忠实取向对课程的认识

忠实取向认为，在学程、教科书、指导用书、教师的教案或课程革新方案中体现出来的有计划的内容便是课程。同时，课程是一些具体的东西，教师既能对其进行实施，也能对其进行评价，以确定是否完成了预定的目标。

(2)忠实取向对课程知识的认识

忠实取向认为，学科教学法专家、学科专家、课程委员会成员、教育行政官员、出版商等课程专家，为教师更好地对课程计划进行实施所创造的知识就是课程知识。与此同时，课程专业也会选择教师在教学实践中所积累的一些知识与经验，使其成为课程知识的一个重要组成部分。不过由此而来的课程知识只能用于课程开发的过程，不能运用于课程的实施过程。总之，在忠实取向看来，只有课程专家才能创造、选择并提供课程知识，教师则无法真正决定课程知识的创造和选择。

(3)忠实取向对课程变革的认识

课程实施的忠实取向认为，课程变革的过程是线性的。具体来说，课程专家在课堂之外评价课程、学校的发展实际以及教师、学生的实际状况等，对课程变革精华予以制定，之后，教师便在课堂中对这一计划进行实施；人们在评价课程实施的效果时，主要依据教师是否按照原先的计划实施了课程变革，是则表示课程实施是成功的，也能对课程变革本身做出公正的评价，否则表示课程实施是失败的，且无法对课程变革本身做出公正的评价，因为它根本就没有被真正实施。

(4)忠实取向对教师角色的认识

课程实施的忠实取向认为，教师是一个忠实的执行者，教师要忠实地执行课程专家所制定的课程变革计划。也就是说，教师只能按照课程专家制定的“课程使用说明”进行教学，不能够有自己的独特想法。为此，课程实施的忠实取向要求在实施课程之前对教师进行适当的培训，并要在课程实施的过程中有效地支持与监督教师的行为。

(5)忠实取向对研究方法论的认识

忠实取向将测量课程实施实现预定课程计划的程度以及确定影响实现程度的基本因素作为基本的探究问题。因而,量化研究是其运用的最基本的方法论,具体体现在以下几个方面。

第一,对研究计划中的每一个概念都进行操作化的界定。

第二,积极对具有一定信度和效度的测验进行开发。

第三,研究的设计和实施都遵循常规标准。

此外,对于忠实取向的研究者而言,越是能开发和利用技术上高度复杂的方法,越能够对课程实施的程度进行测量,也越能够对课程实施的影响因素进行理解。

(二)相互适应取向

相互适应的理念是在20世纪70年代中期由美国课程学者伯曼和麦克劳林最先提出的。之后,有不少学者对其进行了完善。

1. 相互适应取向的观点

课程实施的相互适应取向认为,在课程计划的实施过程中,应用者与学校情境之间需要相互适应。也就是说,课程计划实施的具体项目以及实施这一项目的目标、内容、方法、组织模式等,都需要参与者本人最终确定。

基于相互适应取向的课程实施研究,主要对以下两个问题进行了着重研究。

第一,借助社会科学中的新理论和新方法,对与教育问题有关的各种描述性的、详尽的资料进行探索和发现。

第二,明确对课程按照原定计划予以实施的各类影响因素,特别是各种组织变量。

2. 相互适应取向的特征

课程实施的相互适应取向的特征,也主要体现在其对课程、课程知识、课程变革、教师角色以及研究方法论的认识方面。

(1)相互适应取向对课程的认识

课程实施的相互适应取向认为,课程是由两部分组成的,即课程、教科书或变革方案中体现出来的有计划的内容以及学校、社区等要求的课程。此外,相互适应取向认为课程实施并不是简单地对教育计划进行开展,而是需要根据实际情况以及参与者的需要、兴趣、技能等对教育计划的目标、内容、方法等进行一定的调整。

(2)相互适应取向对课程知识的认识

课程实施的相互适应取向对课程知识的认识，主要有以下几个方面。

第一，课程知识是极复杂的，社会系统中的任何一个方面都有可能成为课程知识。

第二，不论是课程专家所创造的知识，还是教师所创造的知识，都具有同等重要的地位。

第三，课程实施的过程中不断进行调整以求相互适应是课程知识的基本特征。

(3)相互适应取向对课程变革的认识

课程实施的相互适应取向对课程变革的认识，主要有以下几个方面。

第一，通过剖析社会情境诸因素，对课程变革过程的深层机制进行揭示。

第二，课程变革有着十分复杂的过程，而且这一过程是非线性的、不可预知的。

第三，在课程实施过程中，不论发生什么事情，都是课程变革过程的重要组成部分。

(4)相互适应取向对教师角色的认识

相互适应取向认为，教师在课程实施过程中是主动的，往往为了使预定课程方案与具体实践情境相适合而对预定课程方案进行改造。同时，教师积极、理智地对预定课程进行改造，可以在很大程度上保证课程实施取得成功。

(5)相互适应取向对研究方法论的认识

相互适应取向重在对课程实施具体过程进行把握，因而，需要有更为宽广的方法论。具体来说，相互适应取向主要采用的研究方法有量化研究和“质的研究”。其中“质的研究”方法主要是“自我报告”式的问卷调查等，虽然表面看来比较模糊，但对有效把握课程实施过程的深层机理很有帮助。

(三)创生取向

课程实施创生取向出现的时间相比以上两种取向来说要晚一些，但在当前获得了越来越多学者的认可。

1. 创生取向的观点

课程实施创生取向主要有以下两个观点。

第一，真正的课程应该是教师和学生所共同创造的教育经验。

第二,从本质上来说,课程实施就是在具体的教育情境中对新的教育经验进行创生的过程。而在对新的教育经验进行创生时需要对既有的课程计划这一工具进行合理有效的利用。

2. 创生取向的基本特征

创生取向的特征也主要体现在其对课程、课程知识、课程变革、教师角色以及研究方法论的认识方面。

(1)创生取向对课程的认识

课程实施创生取向对课程的认识,主要表现在以下两个方面。

第一,课程是教师与学生共同创造的,而且是教师与学生实际体验到的经验。因此,课程的性质是地道的情境化、人格化的经验课程。

第二,课程实施绝不是按原本课程计划"按图索骥"的过程,也不是对原本课程计划稍事修改的过程,而是一个创造的过程。

(2)创生取向对课程知识的认识

课程实施创生取向对课程知识的认识,主要表现在以下两个方面。

第一,课程知识是"一个不断前进的过程",而非一个事件、一件商品;是一种"人格的构建"。必须既回答个人的标准,又回答外部的标准,从而既具有鲜明的个性化特征,又不会落入相对主义的泥潭。

第二,具体情境的课程知识是经由教师和学生深思熟虑的审议活动而获得的。因此,教师和学生既是课程知识的接受者,又是课程知识的创造者。

(3)创生取向对课程变革的认识

课程实施创生取向认为,教师与学生的个性成长与发展过程便是课程变革。而且课程变革通常既要包括课程内容和资料的变革,又要包括人的思维、感情和价值观的变革。

(4)创生取向对教师角色的认识

课程实施创生取向认为,教师是课程的开发者,也是对教育经验进行积极构建的主体;课程专家是教师的教师,引导着教师积极进行教育经验的开发和传递。

(5)创生取向对研究方法论的认识

课程实施创生取向重在对教师与学生从事课程创生的真实情况进行把握,因而,偏重于"质的研究"。但由于不同教育情境中的课程创生是不同的,因而,创生取向还常常采用深度访谈法。

二、课程实施的基本模式

课程实施的模式是多种多样的，其中最有代表性的是研究—开发—推广模式和兰德变革模式。

（一）研究—开发—推广模式

研究—开发—推广模式有着自身鲜明的特征：一是需要实施的技能假定为可以学习的及可以特定化的。二是课程方案由专家设计并使其臻于完美。由于假定课程方案能适合不同的学校情境，因而，教师要进行现场修改几乎是不可能的。三是假定课程目标已被课程开发者、教师和学生所认同，并且这些目标成为对学生进行评价的主要基础。四是主要采用心理测量式的课程评价方法，如态度调查、成就测验等。五是课程实施的评估基础是“忠实”程度，课程方案的使用者是变革的被动接受者。

研究—开发—推广模式主要是由四个阶段组成的。一是研究阶段。在研究阶段，主要是对课程与教学的基本原理进行确定，而这些原理是课程变革的基本价值取向和指导原则。二是开发阶段。在开发阶段，主要是依据课程与教学的基本原理对新的课程方案进行设计。三是推广阶段。在推广阶段，主要是将研究开发出的新课程方案系统地传递到学校，传播给具体教育情境中的教师。四是采用阶段。在采用阶段，主要是教师在具体教育情境中对新课程方案进行运用，并将新课程方案与学校原有课程进行充分整合。需要特别指出的是，教师对新课程方案只负责使用，无权进行修改或调整。有不少学者认为，这一阶段划分是不科学的，导致四个阶段彼此分离，课程专家与教师的距离也日益增大。

（二）兰德变革模式

兰德变革模式认为，在学校决定采纳新的课程计划之后，学校的组织动力就变成了实施变革的主要障碍，因而，主张在实施阶段给学校加入一些鼓励变革的组织变量。

兰德变革模式有着自身鲜明的特征：一是课程实施是教师的多元诠释过程，他们在对课程变革进行讨论时会将自己多个侧面的认识综合起来；二是良好的教学知识应该是教师在教学实践以及相互观摩学习基础上所产生的；三是课程开发应引导教师积极参与其中。

兰德变革模式主要是由三个阶段组成。一是启动阶段。在这一阶段，发起课程变革的人需要详细解释课程变革计划，以尽可能获得变革参与者的理解、认可与支持。二是实施阶段。在这一阶段，需要适当地对新的课程计划的重点和要点进行调整，以使其与具体的教育实践情境更加符合。三是吸纳阶段。在这一阶段，主要设立一些程序，尤其是在职培训等，以此来保证实施的方案得到必要的人力与财政支持。

第三节　课程实施的策略与方式

一、课程实施的策略

（一）课程实施的常用策略

就当前来说，常用的课程实施策略有以下两个。

1. 钦与本恩的课程实施策略

钦与本恩的课程实施策略是一种整体的实施策略，主要由以下几方面的内容构成。

（1）权力—强制策略

这一策略要求个体要对制度高位者的意愿进行遵从。在学校中，权力—强制策略很少被采用，但是有不少高位者会运用物质奖励或是符号奖励，强迫人们接受新的计划。

（2）实证—理性策略

这一策略认为人是理性的动物，实施者只要认可改革的合理性，便会自觉地服从、实施这一改革。

（3）规范—再教育策略

这一策略是以人的智能和理性为前提的，认为人由于受到社会、文化、所处情境、价值观等因素的影响，自身的行为会发生一定的改变，这使得改革过程充满了很多不确定性因素。

2. 麦克尼尔的课程实施策略

麦克尼尔以课程改革的发起教育机构为标准，归纳、总结了以下几种课程实施策略。

（1）由下而上的策略

这一策略着眼于地区及教师的需要，以教师作为课程改革的主体，由地区或教师的课程发展开始，发展为整体的课程改革，其历程是归纳的。因此，由下而上的策略是以教师为中心的，并假定唯有教师的改变，课程才能有所改变。这决定了在进行课程改革时采用由下而上的策略，首先需要教师感觉到有进行课程改革的需要，着手对问题进行诊断和确认，并在咨询人员或改革机构的协助下寻找、争取校外的资源，然后进行归纳分析，提出问题的解决办法并加以运用。

(2)由上而下的策略

这一策略是以国家和地区为中心的，通常是由国家或地方的教育机构发起课程改革。因此，实施由上而下的策略首先需要成立各种委员会，包括指导委员会、规划委员会和实施委员会。其中指导委员会主要是对教学哲学进行确定、对教育目标进行选择，从而作为改革各项决策的根本；规划委员会主要是对教育总纲、教育科目、教材大纲、教学指引、教学资源等进行确定；实施委员会主要是促使校长和教师对课程改革的内涵及实施要点进行深入的认识和了解，从而能够使课程改革在学校中顺利实施。

此外，这一策略通常植根于阶层体制的权威关系，并容易带来课程改革的标准化或形式化、委员会的主张与实际不相符合、教师不能真正地理解和接受课程改革等问题。但是这并不意味着由上而下的策略不能被采用，而是需要在采用这种策略时认识到存在的问题，并采取有效的措施进行克服。

(3)中间策略

这一策略认为，进行改革最适当的单位是学校。但是学校在进行改革的过程中还要注意对校外人士进行联合，以推广革新；创造有利条件促使教师积极参与变革。

(二)课程实施策略的运用

课程实施的不同策略会带来不同的实施效果，因而，在选用时需要特别慎重，并切实结合实际上的状况。具体来说，在运用课程实施策略时要特别注意以下几个方面。

第一，在运用课程实施策略时，必须要有系统化的工作程序，即确定资料搜集的时间、改革目标确定的时间、改革原则建立的时间、课程内容设计的时间、课程实施评价的时间、课程改革修订的时间、最终报告提出的时间等。还需要特别提醒的是，这些问题并不仅仅是“时间”的问题，更重要的是完整地对改革所包含的人、地、时、事、物、财等进行规划。

第二，在运用课程实施策略时，需要对时间和经费进行充分考虑。由于任何一项大的改革都会经过发起、动员、采用、实施等阶段，且必须达到机构化或制度化、持续化、整合化的效果。在这一过程中，教师理解改革理念、转变改革态度、提高技能，学生适应新的课程和教学方法，人们认识改革中出现的问题等，都需要经过一定的时间，因而，不能指望改革在很短的时间内便能取得预期的效果。同时，改革的进行还需要有经费作保证，因此，在运用课程实施策略时也要对经费进行充分考虑。

第三，在运用课程实施策略时，不能忽略改革人员的组成问题。课程改革是一个非常复杂的系统工程，其顺利实施需要具备多种多样的复杂能力，不是某一个单独的人、团体或地区可以独立完成的，因此，课程改革应该以团队的工作形态出现。在课程改革团队中，最好能够包含学科专家、教师、心理学者、课程学者、评价专家，甚至是家长、学生、社区人士等不同背景的人员。

第四，在运用课程实施策略时，需要对教师和行政人员的改变进行考虑。只有教师及行政人员真正提升了专业能力、真正转变了价值观和信念，才有可能使课程改革取得成功。

二、课程实施的方式

就当前而言，课程实施的方式主要有以下两个。

（一）通过教学进行课程实施

对于课程实施来说，基本途径与重要方式便是教学。它包括将课程方案的精神与课程标准的要求转化为教学设计，根据课程改革理念设计教学目标、处理教学内容、选择教学方法、设计评价方式。课程改革需要教师转变传统的课程观、知识观、学习观，转变角色，形成新的教学行为与教学方式。如从知识的传授者转向学习的促进者；从经验型教师转向研究型教师；从课程的执行者转向课程的开发者；从封闭型教师转向开放型教师。

在通过教学进行课程实施时，还要注意转变学生的学习方式，即改变单一的记忆、接受、模仿的被动学习方式，通过主动参与、亲身实践、独立思考、合作探究进行学习。学习方式变革包括由被动学习转向主动学习；由接受学习为主转向接受学习与探究学习并重；由封闭式学习转向开放式学习；由单一学习方式转向个性化、多样化学习方式。通过学习方式的变革，形成搜集和处理信息的能力、获取新知识的能力、分析和解决问题的能力，以及交流与合作的能力。

(二)通过变革进行课程实施

在进行课程实施时,变革也是一种重要的方式。变革是对旧课程方案进行变革,改变原有课程实践的某些做法,形成与课程改革相适应的新的思想、观念与组织制度。课程改革是一个不断解决问题、打破旧的平衡和重建新的平衡的过程。在这一过程中,总是存在冲突、矛盾、不适,需要运用替代、改变、搅乱、重建等方式消除各种阻力(包括内外部阻力),促进思想、观念与行为方式的转变乃至组织制度的变革。

第四节　教学模式的内涵及选择与利用

一、教学模式的内涵

(一)教学模式的含义

教学模式指的是以一定的教学思想和教学理论为指导所建立起来的与特定教学任务、目标联系的相对系统而稳定的教学活动程序及其实施策略体系。一般认为,教学模式包括教学理论、教学目标、操纵程序、实现条件和教学评价等内容。

(二)教学模式的功能

教学模式的功能,具体来说有以下两个。

1. 将教学原理运用于教学实践

教学模式涵盖了达到某一具体教学目标的实现条件与实施的具体程序步骤和方法等,赋予抽象理论以现实的可操作性,以供教师在设计与组织教学活动的过程中加以参考。同时,教学模式对现代教学活动及其过程中的诸因素相互间的联系与作用进行了完整而系统的建构,使教师对教学活动过程有一个整体、清晰的认识与把握。

2. 将实际教学经验提升为教学理论

现代的教学模式不仅能够从理论上演绎而来,还可以源自于实践。其不但能够对教学实践中的具体教学活动方式加以优选、加工与概括,而且能够在其形成时进行一定的设计与预测。这也就是说,教学模式主要是来自于实践,但又高于实践。对具体的教学经验进行逐步的概括与系统的整理,就能够通过教学模式的形成而上升到理论的高度。从这一意义上而言,教学模式能够为教学理论的充实与发展提供丰富的素材。所以,其是将个别的教学经验转化为一般理论的一个重要的中介环节。

(三)教学模式的特点

教学模式的特点,具体来说有以下几个。

1. 整体性

前面已经说过,教学模式通常是由理论指导、教学目标、师生组合、实现条件、操作程序和教学评价等因素构成的一个有机系统。不同教学模式的要素会形成不同的结构并发挥不同的教育功能,所以每一种教学模式的结构都自成一体。因此,教学模式不仅仅是表现和反映教学过程的某一方面或是其本质上的某一点,更是为了揭示教学过程中诸多因素之间的动态联系,从全局角度表现教学活动过程的始末,具有极高的整体性。如果教师只是将教学模式理解为一种教学的方法、程序或者是策略等,那么,显然是片面的。

2. 操作性

教学模式作为教学理论指导下的教学过程实施方案,对教师来说最大的优点就在于便于操作。教学模式是教学理论与实践之间的中介与桥梁,不只是因为其是在教学理论的指导下产生,更重要的是作为一种教学行动方式以及达到教学目标的重要手段。同时,教学模式总是从某一特定的角度、维度与立场来对教学的客观规律进行揭示的,由于比较接近教学实际很容易被教师所理解与运用。教学模式的建立不是为了进行空洞的思辨,而是为了让教师对其进行良好的把握与运用。因此,其必须要有一套行之有效的操作程序与系统。正是基于教学模式具有的操作性,才能够成为教师设计与实施教学的重要参照系。

3. 变化性

教学模式并非一成不变的,而是处于不断地发展变化中的。当然,这并不是为了否定教学模式在提出与建立起来后所具有的相对稳定性。作为一个教学系统,教学模式不再是完全封闭的,而是对外开放的,能够依照教学的实际情况进行灵活的调整,使模式中的各个因素充分地发挥其在系统中的结构功能。教学模式的各个因素要不断地吸取新思想与新技术,并要不断地进行改进，日趋完善，满足时代发展的需求。总之，教学模式的不断变革与发展正是其具有生命力的重要保证，而深入教学实践能够为教学模式的发展提供更为广阔的前景和空间。

4. 指向性

在教学活动过程中几乎很难有一种普遍具有效能、对一切教学目标都适用的万能教学模式。每一种模式都是为了实现某一教学目标而具体提出或是创立的，往往具有非常明显的目标指向性。例如，发现式的教学模式往往比较适用于数理科的教学中，却不适合体育教学；程序教学模式擅长知识技能的训练，却拙于探究精神与科学态度的培养。

（四）教学模式的构建

伴随着时代的前进、科学技术的发展，社会对人才的需要也发生着变化。如今我们不能再固守已有的课程教学模式，而是要在批判地继承现有的课程教学模式的基础上借助新的理论、新的方法以及新的认识工具，建构比以往旧的课程教学模式更为理想的新模式。在这一过程中，必须遵循理论的科学性与实践的可行性相统一原则。要贯彻这一原则，需要对现有的课程教学模式进行各种改革、实验等，对课程进行综合分析，以便从中总结和归纳某些规律性的东西。另外，对课程教学模式的系统建构需要进行大量理论上的探索，使之合乎科学的原理与原则，即理论论证。只有将归纳研究与理论论证有机地结合在一起，才能够有效地保证课程教学模式的建构实现理论的科学性与实践的可行性。

二、教学模式的选择

任何一种教学模式都有其特定的目标、功能、使用条件及范围等，而且任何一种教学模式都要依据一定的条件发挥作用。因此，在教学实施过程中，必须注重教学模式的选择。通常来说，在进行教学模式选择时，需要依据以下几个方面。

（一）教学的目标

教学的目标是影响教学模式选择的一个重要因素，教学的目标不同，与其相适应的教学模式也要有所不同。如果教学的目标偏重于知识的学习与发展，教材又多属于知觉和记忆一类的内容，则适宜采用系统接受的教学模式;如果教学的目标侧重于智能的发展,且教材的难度适中,则适宜采用引导发现或自学指导的教学模式。

(二)教学的内容

教学内容不同,所选择的教学模式也应有一定的差异。这是因为,教学内容是教学模式的一个重要构成要素,因而,教学模式需要根据教学内容的变化而发生一定的改变。

(三)教学的物质条件

学校的物质条件一般包括学校所能提供的图书、仪器、设施、设备等。在大多数的情况下,顺利地完成某一教学任务、实现具体的教学目标是需要具备上述这些物质条件。例如,在进行程序教学时,就必须具备一定的教学机器。反之,超越现有的教学物质条件,选择某一不适当的教学模式,常常会加重师生的教学负担,也难以取得较好的教学效果。

(四)教师自身的特点

由于每一个教学模式都是通过教师进行选择和运用的,所以,教学模式是否适合教师就显得十分重要。也就是说,教师自身的特点是进行教学模式选择的一个不容忽视的因素。

(五)学生的年龄特点与认知水平

在进行教学模式选择时,应充分考虑学生的年龄特点与认知发展水平。只有选择适合学生的年龄特点与身心发展的教学模式,才能确保教学获得良好的成果。如自学辅导教学模式对学生提出了较高的要求,如果学生的年龄较小且认知发展水平较低,对其运用这种教学模式是难以获得成效的。

(六)教学的时间

有的教学模式虽然能较好地达到教学目标,但却需要很多的教学时间。中小学的教学时间往往都有比较严格的规定,当受到教学时间的限制时,教师就不得不放弃这种教学模式。

总之,教师在教学时,要综合考虑以上因素,权衡利弊,以选择出最适合的教学模式。

三、教学模式的利用

在对教学模式进行利用时,应特别注意以下几个方面。

(一)要有与现代教学理念相符合的正确教学指导思想

对于任何一种教学模式来说,指导思想是其灵魂。教学模式的运用能否取得预期的效果,关键在于是否把握了模式背后的教学理念和指导思想,否则,无论采用什么样的新模式,只能是盲目地模仿和机械地套用。如果我们仍然把学生看作是知识的容器,以知识的灌输为教学的指导思想,即使采用了以自学为主的教学模式,也还是会导致学生的呆读死记,只不过是变“教师灌”为“书本灌”,背离了自学辅导教学模式培养学生学习能力和主动思考、积极探索精神的初衷。

(二)要在利用过程中对教学模式进行一定的发展与创新

教学模式给教学实践提供了范例,本身又有一套实施的操作程序,因此,具有可模仿性和可操作性。但是教师不能盲目照搬和机械套用。实践中具体的教学活动在教学目标、内容性质和学生特点等方面都存在着差异,教学模式对教学活动只能做大体的规划。在运用教学模式时,其实是在原有模式基础上针对具体实践的一次超越、一次创造。教师要能做到有模式但不为模式所限,遵循模式但不为模式所拘,在模仿中求创造,在运用中谋发展。

(三)要注意综合使用教学模式

在教学过程中,应该选择和交替运用多种教学模式,并使它们有效地配合,共同达到预期的教学目标。这是因为教学内容是多样而丰富的,实际教学过程是具体而复杂的,只有对多种教学模式进行综合使用,才能更好地实现教学目标,达到预定的教学效果。

第五节　教学的策略与艺术探究

一、教学的策略

(一)教学策略的含义

教学策略是教师智慧与教学艺术的充分体现,也是教学设计的有机组成部分。它指的是“在一定教学思想指导下,在特定的教学情境中,为完成教学目标和适应学生发展需要而制定的并在教学实施过程中不断调试、优化，从而使教学效果达到最优的教学实施措施。”①

对于教学策略的这一含义，可以从以下几个方面进行理解。

第一，教学策略作为教学设计的关键和中心环节，是为达到一定的教学目标而服务的。它涉及一系列具体的教学技能、教学方法的选择和使用，不是教学技能、方法的简单堆积和罗列。加纳认为，策略总含有某些意识成分，意识的参与含有选择的意味，策略就是对达到教学目标的各种途径的明智的选择。当然，在大量的教学实践之后，策略可以达到一定程度的自动化，这样各种策略才能同时并用。

第二，教学策略是教学理论和可操作性的统一。只有在一定的教学理论指导下，教师才能发现教学中存在的问题，教师才能根据实际问题和情境选择恰当的教学策略。若没有理论，教师很难清楚地界定自己教学中的问题，也很难找到相应的策略。教学中要求教师掌握大量的策略，这些操作性策略也需要在实际教学活动中进行历练，才能熟练掌握并游刃有余地应用。否则，再好的策略都只是纸上谈兵。在实际教学活动中我们无法观察到教师是否在进行建构和选择教学策略，只能通过教学过程的变化来判断教学策略的使用。教学策略的可操作性使我们的教师可以根据实际情况选择不同的策略，同一策略可以解决不同的问题，不同的策略也可以解决相同的问题。

第三，教学策略要与学生的发展需要相适应，必须以学生的学习策略为基础。教学是教师的教和学生的学的双边统一活动。教师教的策略与学生学的策略是紧密相关的。教学策略既包括教师对教学内容、教学手段和教学方法在教学活动中的调控，也包括对学生的学习活动与学习方法的调控，学生现有的知识技能水平、学习情况、心理发展水平和学习心理准备状态对教师教学策略的选择有一定的制约作用。有效的教学策略应该在学生的“最近发展区”内进行，应以学习策略为基础。

（二）教学策略的类型

通常而言，教学策略可以细分为以下几类。

第一，方法型策略，即以教学方法这个因素为中心，构造其教学策略的框架。

第二，内容型策略，即以教学内容为中心，在分析和处理教学内容的基础上构成其策略的框架。

---

① 王嘉毅．课程与教学设计[M]．北京：高等教育出版社，2007：218.

第三,方式型策略,即以教学中师生活动方式为中心,构造其教学策略框架。

第四,任务型策略,即以教学任务或学习类型为中心,在分析任务、创设学习条件的基础上构造其教学策略框架。

(三)教学策略的作用

教学策略的作用,具体来说有以下两个。

1. 教学策略是连接教学理论与实践的桥梁

教学策略总是在教学思想的指导下,遵循教学规律和原则,综合教学过程的诸要素而建构起来的,是理论的具体化,比较接近教学实际而易被人们理解和接受。同时,教学策略的产生并不是为了空洞的思辨,而是为了让人们去把握和运用。因此可以说,教学策略是连接教学理论和实践的桥梁。

2. 合理运用教学策略能够促进教学质量的提高

提高教学质量的关键在于教师。教师如果能在教学活动中针对学生的实际状况、教学内容和教师自身条件选择相适应的策略,那将有助于提高学生的学业成就。也就是说,在教师的教学活动中寻找影响教学效果的关键性因素,才能真正找到提高教学质量的方法和途径,而教学策略就是影响教学质量的关键因素之一。

二、教学的艺术

(一)教学艺术的含义

教学既是科学、技术,又是艺术。教学艺术可以看成是教学审美的通俗化、具体化和实施化的层面。一般来说,教学艺术包含两层含义:一是教师追求的审美化、艺术化的教学境界和风格;二是教师运用的艺术化的教学技能、技巧,按照美的规律所创造的艺术化教学过程。

(二)教学艺术的内容

通常而言,教学艺术包括以下几方面的内容。

1. 教学语言艺术

语言作为课堂教学的基本工具,可以更加直观全面地将生活中的复杂现象传递给学生，使学生可以结合自身想象对于真实情况有一个基本构想，也在想象的过程中对知识加深印象。这就要求教师本身需要不断地提升自己的语言魅力，将语言提升到一种美学的艺术水平，在吸引学生兴趣的同时加深学生对于美学的基本体验。教学语言艺术的要求，具体来说有以下几个方面。

第一，教师在教学过程中不仅要进行教学，同时，还要完成育人的任务，而育人也是教师教学的根本所在。鉴于此，教师所使用的语言也要具有教育性，这样才能更好地完成教学根本任务。

第二，教师的语言会使得学生对于所学知识有一个基本的印象，成为学生的基本学习依据，这就要求教师的语言必须具有科学性和准确性。同时，又要符合语言规范，避免造成知识点的混淆，更不要说假话、空话、脏话，避免给学生带去不好的示范。

第三，教师的语言不能太过于通俗易懂，使得学生缺少了自我思考的机会。也就是说，教师应在教学过程中保持教学语言的隐晦，引人深思，从而督促学生进行自我思考，提升思维深度。

第四，教师要用语言为学生创设一个优美的学习氛围，使学生有美的感受。同时，教师的教育语言要美，词汇优美、语音悦耳、语调动听，使学生有美的享受。此外，教师要注意语言的组合，使语言呈现出动静交错、抑扬顿挫之美。

2. 教学非语言表达艺术

教师在语言之外的表情、眼神、体态等教学方式便是教学非语言表达艺术。它是在语言表达不到位的时候用以补充表达的形式。通过非语言表达艺术，不但扩增了非语言艺术表达的方式，使其具有多样性，同时，也因为教师与学生有了除了语言的表达之外的表达，拉进了学生与教师之间的距离，使得学生在课堂上更具活力，提升了授课效率。具体来说，教学非语言表达艺术主要涉及以下几方面的内容。

(1)脸部表情的表达艺术

脸部表情在人与人交流时往往起着很大的作用。在教学活动中学生除了要倾听教师的教学，还常常注视着教师的脸部表情：当教师面露微笑时，学生心里会如沐春风；当教师和蔼地指正学生错误时，学生会易于接受……总之，教师的面部表情在教学活动中有着非常大的作用。对于教师的脸部表情，一般有如下要求。

第一，脸部表情的表达应自然大方，内心与表情上的感受统一，体现教师的真诚和亲切感。切忌笑面虎、皮笑肉不笑等情况的发生。

第二，教师在运用脸部表情时要恰如其分、恰到好处，不能过于严肃造成学生对课堂的恐惧，更不能因为过分柔和使得教师威信受损。教师要理性、适时地调整自己的面部表情和语气，温和适度地进行课堂教学。

第三，教师在表情中要将教师与学生亦师亦友的关系表示出来，体现教师对于学生的宽容、理解和友善。

(2)体态的表达艺术

一般来说，体态主要通过头语、手势和身姿三种形式来表达思想感情。它所表达的不仅有言语未能近达的部分，还可以单独表达赞扬、默许、否定、鼓励等情感。体态的表达艺术主要体现在以下几方面。

第一，头语是指教师利用头部的动作来表达思想情感，应亲切明快。

第二，教师的手势要准确协调。教学过程中手势的运用主要分为三类：一是使教师的情感形象化、具体化的情意手势；二是指示手势，通过前后左右等方位的手势确定目标对象；三是象征手势，虽然这种手势比较抽象，但能延伸学生的想象力，使学生对于教师所讲的事物有基本的感觉。但是教学过程中手势的运用具有一定的限制性，其主用在于锦上添花并非雪中送炭，不能作为学生教学的基本方式，否则，会造成因手势过多学生眼花缭乱，非但不能加深印象，反而产生错误印象。

第三，教师的身姿要端庄灵活。教师在课堂上的身姿主要体现在站姿和步姿上，其中站姿应避免倚靠讲台、黑板；走姿应在走的过程中昂首阔步，体现出教师的器宇轩昂和生机勃勃。

(3)眼神的表达艺术

在教学活动中，眼神可以用来表示对学生的鼓励，也可以用来对课堂上的违纪学生进行警告……总之，眼神在教师和学生之间架起了一座无形的桥梁，使师生之间形成一种独特的默契。在课堂教学中，教师运用眼神的方法大体有三种。

第一，点视法。这是一种教师有效利用眼神来表达自己想法的方法，课堂中难免出现做小动作的同学或者是因课堂过多有所疲劳的学生，这时大声呵斥、提醒都有可能导致课堂进度的拖缓或者学生对于课堂的畏惧，这时用眼神对有小动作的学生示意，学生感觉到老师的目光注视后有所纠正，保留学生自尊的同时也督促了对方学习。而积极回答问题的同学也会因为老师的鼓励目光而充满自信。

第二，虚视法。学生有一种教师眼神盯着某一点的感觉，但实际上教师是“视而不见”，这就是“虚视法”。虚视法常用于新教师初登台的时候，新教师因为第一次接受许多人的目光而有所胆怯，眼睛不敢看学生，这时就可以将目光定在教室中间学生身上，再辅之以环视法，这样学生都会觉得老师在看自己，从而对于自己的行为有所收敛，起到维持课堂秩序的作用。

第三，环视法。这是一种针对全体同学的方法，意指对于全班同学进行环视，有助于满足学生渴望得到老师注意的心理，也有利于老师了解学生的学习状态。在刚开始上课时或者讲重点的时候，对班级进行环视有利于学生感受到老师的目光，从而了解该知识点的重要性。

3. 教学板书艺术

板书是教学语言的辅助手段，具有重要的艺术价值。具有艺术性的板书应具备可以吸引学生注意，引导学生进行自我思考，充分调动起学生积极性，对于本堂课所学知识有基本了解的作用。教学板书艺术的要求，具体来说有以下几个。

第一，教学板书应该尽量直观，有利于学生直接了解当堂所学，用有趣的图表、图案、符号等代替枯燥乏味的文字，使学生更有效地理解课堂知识。

第二，教师在准备板书时，要充分了解板书内容及内涵，可以总结出最根本的几个重点，避免无用的内容给学生造成理解负担，使之具有简洁性。

第三，受板面的局限，要求设计的教学板书要语绝字妙，富于启迪。也就是说，要含蓄蕴藉富有弹性和张力，并留有足够的思维和想象的时空，以调动学习者思考的积极性和创造性。

第四，教学板书的设计拒绝千篇一律，应该具有趣味性。巧妙生动、有意思的板书更容易引起学生的兴趣，调动他们学习的积极性，活跃课堂气氛。

第五，教学板书应该追求形式和内容的完善统一，给学生以审美享受，从而起到激情引趣、象形传神、益智激能的作用。

第六，教学板书作为学生笔记的主要来源应具备规范性。同时，教学的板书字迹要工整，没有错别字的出现。

4. 教学节奏艺术

(1)教学节奏艺术的含义

教学作为一门艺术，要提高艺术魅力、感染力和教学效率就得讲究节奏。教学艺术节奏是指整个教学活动具有特殊的艺术魅力的规律性变化，声调抑扬顿挫，音节疏密相间，声音起伏有致，节奏明快和谐，体现一种音乐性。

(2)教学节奏的调控策略

教学节奏的巧妙设计需要教师有相当的修养，并掌握调控教学节奏的策略和技巧。在这方面，中外的教育家已经总结了许多经验，大致有以下几点。

第一，快慢相宜策略，即教学进程有快、有慢，时间安排得当。教学内容安排错落有致，便于突出重点、分散难点；快、慢节奏交替出现并“柔性转换”，使教学组织结构如行云流水，顺畅自然。

第二，疏密相间策略，即教学活动的信息密度有疏有密，疏密相间，有张有弛，符合人的心理节律，从而持久保持旺盛的精力。

第三，起伏有致策略，即教学过程的态势调控得犹如潮起潮落，山有峰谷，起伏曲折，跌宕有致，变化生奇，引人入胜，从而使教学进程的开始、发展、高潮和结局非常有序，富有节奏美和韵律美。

第四，动静相生策略，即巧妙安排教学方式，使之有动有静、动静结合，有助于保持注意力，提高智力活动效率，消除疲劳，长久维持乃至发展积极心态。

第五，张弛有变策略，即调控教学节奏，张弛合度，从而产生、保持教学节奏美和律动美的策略，有助于学习理解或领悟的层层深入。

第六，虚实相映策略，即调控教学中的虚实关系，以虚求实，虚中见实，产生意境悠远，韵味无尽之感。

第七，抑扬顿挫策略，即调控教学语言节拍强弱，力度大小等交替变换，以及句子长短、语调升降有规律变化的策略，以增强语言的表现力和感染力。

第八，整体和谐策略，即综合考虑，巧妙安排，使课堂教学各结构要素搭配合理，穿插得体、衔接有序，融入统一，形成整体和谐美。

第八章　课程与教学的评价体系构建

课程与教学评价是课程与教学研究领域的一项重要内容。作为一项价值判断活动,其对改进课程与教学实施过程中的不足,提高课程与教学的质量,促进其本身的发展有着重要的作用。随着时代的发展,课程与教学评价的相关理论与实践都发生了一定的变革。本章对当代课程与教学评价的相关问题进行相应研究,以便更好地了解课程与教学评价体系的构建。

第一节　课程与教学评价的内涵

一、课程与教学评价的含义

1981 年美国“教育评价标准联合委员会”给评价下的定义是:对某一对象(方案、设计或者内容)的价值或者优点所做的系统探查。简而言之,评价就是把价值、标准与评价对象相对照的过程。发展到现在,更多的人认为评价就是评价者根据一定的评价标准,采取一定的评价方法对评价对象进行价值判断的过程。

由于人们对课程与教学这两个概念关系理解的不同,人们对课程与教学评价的认识一般有两种观点:一种是把课程评价与教学评价分开谈,这时课程评价包含从设计到实施的整个过程,评价涉及课程理念与课程目标、课程实施、课程效果等;而教学评价则是对教学活动的准备、实施与结果进行测量、分析和价值判断的过程,涉及教学整体及教学的每个方面和环节,如对教学目标、教学过程、教学方法、教学管理、教师授课质量等进行评价。另一种是把课程评价和教学评价整合在一起,统称为课程与教学评价。这种观点一般认为课程与教学是相互包含的,所以,课程评价与教学评价彼此交叉,存在着共通的内容。同时,二者相互独立又循环联系,课程评价不断地作用和影响着教学评价,教学评价也不断地作用和影响着课程评价。在这里,我们首先认定课程与教学之间有着极为密切的关系,课程在本质上是一种教学事件，而教学在本质上是一种课程开发与实施的过程，课程与教学最终是要走到一起的。所以，我们将课程与教学评价合在一起来论述。

课程与教学评价就是指根据一定的评价标准，以合适的方法、途径对课程与教学的有关问题进行价值判断的过程。为了更好地理解这一概念，我们还应明确以下几个方面的问题。

(1)课程与教学评价的对象。课程与教学评价的对象是相当广泛的，既可以对课程与教学整体进行评价，也可以选择某一个或几个方面、环节进行评价。课程与教学从设计到实施的整个过程都可以列入评价范围，其评价对象涉及课程与教学计划、活动及结果等方面，主要包括对课程、教师教学、学生发展的评价等。

(2)课程与教学评价不能等同于教育测量。"测量"本来是自然科学方法，就是按一定的测量尺度获取数量结果的步骤，测量尺度必须具备一定的测量单位和测量的基点(零点)。[①] 不过教育测量的尺度是无法达到自然科学的精确性的，也不具备测量的基点，诸如智力、学力、性格等是通过间接并相对地测量智力、学力、性格的外显行为来反映测量结果的。因此，教育测量是一种客观的数量化过程。课程与教学评价是教育评价中的一种主客观相统一的过程，需要对评价对象进行价值判断，所以，不同于教育测量。

(3)课程与教学评价中的价值与判断。价值从本质上说是一种关系范畴，这种关系涉及主体对客体的需求和客体的客观属性，只有主体具有某种需求，而客体本身具备满足主体需求的客观属性时，才能体现出价值。评价不是纯技术性的问题，不是对现象的客观描述。事实上，纯粹价值中立的描述是不存在的，评价要对评价对象的价值或特点做出判断。因此，价值问题在评价领域凸显出来。就课程与教学评价领域而言，涉及的价值问题主要是内在价值和工具价值。内在价值是一事物自身的存在意义或价值。课程与教学评价领域探讨的是课程与教学的优良性与适切性，它既涉及规划的课程与教学的价值，也涉及实施完成了的课程与教学的价值。工具价值是一事物对别的事物而言所具有的意义或价值。教育工作者们通过尝试把计划的课程与教学同所陈述的课程与教学的目标联系起来，判断课程与教学实践是否会实现所陈述的目标，学生或教师受到了哪些益处。

---

① 瞿葆奎．教育学文集·教育评价[M]．北京：人民教育出版社，1989：147．

二、课程与教学评价的价值取向

（一）关注学生发展，强调人性化

课程与教学评价是以促进学生的发展为基本的理念，是课程与教学评价的一种科学的价值取向。这一价值取向主要体现在两个方面：在课程与教学目标上，评价不仅要检测学生是否完成知识、技能等基础性目标，还要判断学生是否真正获得了发展；在教学过程上，评价应当关注课堂教学策略如何，是否能够使教学充分激发学生的学习热情，促进学生更好地达成教学目标。

学校课堂教学评价不应当仅仅看重学生的学习表现，更应当在整个评价过程与评价结果中体现出人性化的理念，从而让学生获得一定的激励、尊重与帮助。人性课堂教学评价的关键在于以学生为中心，教师须站在学生的角度而采取各项评价措施，从而重视学生应有的权益，不因学生是被评对象而剥夺其各项权益。

（二）强调教师成长

在课程与教学评价中，促进教师的成长也应当是一个重要的价值取向。课堂教学评价要按照课程与教学评价目标的要求，沿着促进教师成长的方向发展。因此，课程与教学评价最看重的并不是判断教师的课堂教学结果怎样，而是发现教师在课程设计与教学过程中出现的问题，帮助教师认识问题、解决问题，重新制定新的课程与教学方案，从而提高其课程设计能力和教学能力。

（三）重视以学论教

“以学论教”，即以学生的“学”来评价教师的“教”。具体来讲，指以学生为主体、以学生发展为本，以学生在课堂教学中呈现的客观状态为参照来评价课程与教学的质量。这也是新时期课程与教学评价的一个重要价值取向。这一取向要求课程与教学评价要注重评价学生的情绪状态、注意状态、参与状态、交往状态、思维状态和生成状态等。

第二节　课程与教学评价的类型与功能

一、课程与教学评价的类型

（一）诊断性评价、形成性评价和总结性评价

以评价的作用及时机为依据，可以将课程与教学评价分为诊断性评价、形成性评价和总结性评价。

1. 诊断性评价

诊断性评价是发生在课程与教学活动进行之前的评价。主要是对学生现有的知识和能力水平等基本情况进行了解与分析，摸清学生的现有水平及个别差异，找出学生的长处和不足。在课程与教学实施过程中，教师要想形成一套适合学生特点和需要的课程与教学方案，就必须深入了解学生已有知识、技能的掌握程度，了解他们的学习动机，发现他们学习中存在的问题及原因等。获取这些信息的最有效方式就是进行诊断性评价。

通过诊断性评价，教师获得上述需要知道的一些基本信息后，就可以制定一套合适的课程与教学方案，并对学生做出合适的安置，以适应不同学生的发展。例如，通过诊断学生认识、情感和技能等方面的发展水平，将学生编排到相应的班级或小组中，或以此为依据选择合适的教学方式、教学方法等；预测学生在学习过程中会遇到哪些问题，这也可以在课程与教学实施过程中进行，找出原因并适当地调整、修改和完善教学计划。相应地，也要对课程与教学目标和实施进度进行适当的改进。

2. 形成性评价

形成性评价，又称进展评价。这种评价通常发生在课程与教学实施的过程中，主要在一个单元、课题或新观念、新技能的初步教学完成后，教师通过形成性评价这一重要方式及时了解学生的学习进展。这种评价主要通过测试的形式进行，次数比较频繁，考察范围比较狭窄。其目的是利用各种反馈改进学生的学习和教师的教学，在不断的测评、反馈和修正中，使课程与教学方案不断日臻完善。通过不断实现一个个的分级目标，从而达到课程与教学的终极目标。这种评价形式有单元测验等。

通过形成性评价，可以发现学生在学习过程中所遇到的障碍和错误，进而制定改进学习方法和端正学习态度的正确课程与教学方案，从而提高课程与教学实施效果，优化学生的学习效果。同时，通过实施形成性评价，能够较好地把握教学的节奏和步调。另外，通过对所得数据的分析，教师可以了解本阶段学法与教法上存在的问题和不足，考查学生学习的具体情况。这一评价还能够巩固教学成果强化已有的知识，加深学生的学习印象。

3. 总结性评价

总结性评价，又叫终结性评价。这种评价通常发生在学期末，是对一项教学活动结束之后的评价或对一整个学期课程内容进行的考察、考试。总结性评价着眼于学生对某门课程整个内容的掌握，强调学生对知识的全面把握，注重测量学生达到该课程教学目标的程度。这类评价的形式有期末考试或毕业考试等。

通过总结性评价，为学生在某个较长时间段内的学习评定成绩，确定学生对课程与教学目标达到的程度，对其学习成就做出价值判断，为学生之后的教育道路或工作提供依据。总结性评价结果又可以为下一阶段的评价提供依据。

随着时间的推移，现代教学评价改变传统重视结果的评价方式，而更加注重信息的及时反馈和课程与教学方案的及时改进，因而，形成性评价在评价中占据了更重要的位置。也就是说，课程与教学评价逐渐认识到重视过程的形成性评价的重要作用，减轻了对重视结果的终结性评价的重视程度，评价重心更多地趋向于关注学生求知、探究和努力的过程。

当然，诊断性评价、形成性评价和总结性评价并不能单独存在于课程与教学过程的始终，它们各有优缺点，相互补充，在使用时应根据实际需要选取一种合适的评价，不能只重视其中的一种评价。尤其需要注意的是，这三种评价并不是截然对立的，它们之间是互相联系、密不可分的。任何一种评价又都是另一种评价的基础，为另一种评价提供参考信息，因此，它们共同构成了课程与教学评价的有机整体，发挥最大的评价功效。三者缺一不可。

（二）绝对性评价、相对性评价和个体内差异评价

根据评价选取的标准和参照点（比较对象）不同，可以将课程与教学评价分为绝对性（以理想或固定的目标作为参照系）评价、相对性（以评价对象所处的群体作为参照系）评价和个体内差异（其自身潜在水平或潜力相比较）评价这三种类型。

1. 绝对性评价

这种评价又叫标准参照评价，它的参照标准与评价对象群体关系不大，主要是预定一个客观的或理想的标准（一般为教学目标和教材要求），并运用这个固定标准去评价每个对象。评价时不考虑其他个体状况，也不是为了分等级、定优劣，而是检查评价对象是否达到了既定的教育目标以及达到的程度。

绝对性评价注重课程目标的达成度，适合于基础知识、基本技能的测量，适合于鉴定资格和水平。它可以缓解评价时引起的竞争方面的不良后果，可用于诊断及个别指导，但不利于甄选人才。这种评价一般表现为升级考试、毕业考试、合格考试、证书考试等。客观来说，绝对性评价虽然有助于评价学生某门课的学习水平，但其过于强调统一标准，容易忽视评价对象的个性。

2. 相对性评价

这种评价又叫常模参照评价，参照的标准为学生所处团体的平均成绩，或选取团体中的某一成绩为常模（参照标准），按一定的顺序列出该团体全体学生的成绩，自然每个学生都有自己的成绩序列，根据学生个人的成绩在该团体所处的相对位置（或名次）来评价他。这种评价与教学目标的要求没有多大的联系，对学生学习成绩的评定具有相对性。学生学习的好坏是相对于该团体而言的，在这个班是第一名，在另外的班级有可能是第十名，在不同的标准下，所处的位置不同。这种评价适应性强，应用范围广，尤其适用于以选拔为宗旨的评价。当然，评价结果并不必然代表评价对象的真正水平。

3. 个体内差异评价

这种评价是指将评价对象的过去和现在进行比较，或是对个体的多个侧面进行比较。对于学生来说，评价的参照标准为其之前的学习成绩，也就是参照原有发展水平。以原有发展水平为标准，看评价对象现有发展水平程度是否提升，再以现有发展水平为参照，与其自身潜在发展水平（潜力）相比较，看他是否具有发展的潜力和提升的可能。例如，甲同学考了 90 分，乙同学考了 70 分，老师却只表扬了分数较低的乙同学。原因就是，与他们过去的成绩相比，乙同学有了很大的进步，而甲同学还是原地踏步，并没有取得应有的进步。这种个体内差异评价能够比较充分地照顾到学生的个别差异和独特性，能够让学生了解自己的优势与不足，从而进行自我调节。

在强调人性化、动态化和注重学生个性发展的教育评价潮流下，个体内差异评价应该受到足够的重视。但由于与自身的比较，与外界隔断联系，容易导致学生故步自封，自我满足。因此，在使用时应适当与绝对性评价和相对性评价相结合。

（三）定量评价和定性评价

根据评价方式，可以将课程与数学评价分为定量评价和定性评价。

1. 定量评价

定量评价是指预先设定评价内容，收集并量化评价对象的信息，运用统计与测量的方法做出结论的评价方法。在很长一段时期内，我国课程与教学评价的主要形式就是标准化考试，这种标准化的考试就属于定量评价方法。

在社会学理论范围内，定量评价是科技意识形态在教育界的反映，因此，人们在相当长的时期内都追求评价的唯量化。在课程与教学评价中，评价的唯量化造成了这样一种局面：教师为考而教，学生为考而学，很少对学生其他方面的发展进行评价，即使有，也是笼统的、脱离实际。可见，定量评价虽然科学、客观，能够提供具有说服力的证据，有利于评价对象间的精确对比，但也存在难以测量诸如鉴赏力、意志力、创造力等的局限性。

2. 定性评价

定性评价是指采用开放的形式将评价对象做概念上或程度上的规定，运用定性描述的方法做出结论的评价。这种评价通常需要掌握评价对象的诸多信息。它便于操作，效率较高，有助于评价者了解评价对象的整体状况，并制订出有效的教育方案。尤其对于一些难以定量的内容，使用定性评价就显得十分合理。在课程与教学评价中，定性评价主张全面反映教育现象和课程现象的真实情况，为改进课程与教学实践提供真实可靠的依据。所以，它具有人文化、情境化等特点，强调观察、分析、归纳与描述。当然，这种评价的结果也容易模糊笼统，让人难以把握。所以，最好是将定量评价与定性评价结合起来进行使用。

（四）自我评价和他人评价

根据评价主体，可以将课程与教学评价分为自我评价和他人评价。

1. 自我评价

自我评价是指由课程设计者或教学参与者自己作为评价的主体而进行

的评价。例如，教师对自己教学思想、内容、态度、方法、效果等进行评价；学生对自己德、智、体、美等综合素质进行评价。自我评价的优点是比较直接，易于进行。另外，可形成主体的自我反馈环节，对自我行为过程和结果进行反思，有利于发挥主体的自主性、积极性，也有利于克服他人评价中可能产生的逆反心理。自我评价的缺点主要表现在缺少外界的参考标准，容易因主体的主观原因做出不准确的评价。

2. 他人评价

他人评价是指除评价对象自身之外的任何人或组织对评价对象进行的评价。社会评价、专家评价、同行评价等均是他人评价。对教师来说，学生对其教学情况的评价是他人评价。他人评价的优点是较为客观，并且可为被评价者了解自身状况提供更广阔的视角，可为改进活动状况提供更多的思路。当然也有不足之处，他人评价的组织工作较为烦琐，人力、物力以及时间的耗费也比较多。

二、课程与教学评价的功能

为了更好地实现课程与教学评价的目的，了解课程与教学评价多方面的功能是非常重要的。具体来说，课程与教学评价的功能主要表现在以下几个方面。

（一）导向功能

这是指课程与教学评价可以引导评价对象向预设的目标不断前进。由于评价标准和评价内容常常制约着课程与教学目标的制定和内容的选择、组织及教师的教和学生的学，因而，课程与教学评价一般按照评价目标设计评价指标和标准，之后，再依据评价标准进行评价。这样，评价指标和标准就会时刻引导评价对象向着正确的方向而不断进行。

在发挥课程与教学评价的导向功能的时候，一定要按照当前课程与教学目标而制定恰当的评价内容和标准，以便于对教育教学效果进行全面的评价。而这也就要充分考虑到社会的需要和评价对象的需要，将人们引导到既符合社会发展规律，同时又满足个体需要的目标上去。

由此可见，课程与教学评价必须要跟上时代的脚步，及时了解教育改革的理论和信息，对评价的核心内容进行适当的调整，保证课程与教学评价的时效性。

（二）鉴定功能

课程与教学评价具有认定、判断评价对象合格与否、优劣程度、水平高低等实际价值的功能，这种功能就是鉴定功能。在现代教育评价中鉴定功能既体现在以评价对象相互之间的比较来评定优者，也可以对评价对象是否具有从事某种活动的资格进行鉴定，还可以按照一定的标准来鉴定评价对象达到标准的程度。影响教育评价鉴定功能发挥的因素主要有评价内容和标准的科学性，以及评价结果的可靠性和有效性程度等。

（三）诊断功能

诊断功能就是指课程与教学评价能够运用各种评价方法对评价对象存在的问题进行揭示与分析，进而提出改进和补救的意见。课程与教学实践活动是一种有计划、有目的的活动，为了达到预定的目标，教育工作者和受教育者需要合理的指导。课程与教学评价是检查课程与教学活动的重要手段，根据评价标准对搜集的课程与教学信息进行整理分析，能够发现课程方案、教学计划、教学方法和学生学习中的优缺点，从而为修改课程方案、改进教学方法、改善学生的学习提供重要的信息。

在课程与教学评价工作中评价者既要熟悉教学活动，又要摆脱自身经验的束缚，把每一次课程与教学评价都当作是新问题，实地了解和分析教学活动的各种信息。唯有如此，才能充分、全面地发挥课程与教学评价的诊断功能。

（四）激励功能

激励功能就是指课程与教学评价具有激发评价对象的内在潜能，从而调动其积极性和创造性的功能。这一功能主要体现在激励先进、鞭策后进，以及调动评价对象的积极性、增强评价对象集合体内部的公平竞争等方面。由于课程与教学评价结果往往直接影响到评价对象的心理、形象、荣誉或利益等，因此，其总是能够较好地激发评价对象工作或学习的热情、主动性和积极性。

在课程与教学实践中，如果想最大限度地发挥评价的激励作用，那么，评价者就必须要十分认真、负责地组织课程与教学评价活动，通过及时、灵活地反馈信息，使评价更为科学、公正、合理。让教师能够通过评价找出教学工作中的薄弱环节，并根据获得信息修正、调整或改进教学工作；了解到自身教学的优缺点，从而扬长避短，进一步调动积极性，使教学效果不断优化。让学生通过评价奋发图强，再接再厉，弥补自己的不足，发扬自己的长处。

（五）改进功能

改进功能是指课程与教学评价具有促进评价对象为实现预期目标而不断改进和完善的功效和能力。在课程与教学评价过程中，通过收集、筛选、分析加工教学活动及评价对象的相关信息，能够真实地将评价对象的状况反映出来，帮助我们发现教学活动、评价对象存在的主要问题，及时反馈信息，为他们寻找解决问题的途径，进行科学的指导。

客观来说，要充分发挥课程与教学评价的改进功能，就必须要求评价者深入课程实施与教学活动的实际，了解真实情况，与评价对象相互沟通，帮助评价对象研究改进的途径和措施。评价对象也要积极响应课程与教学评价活动，在课程与教学评价过程中不断完善和优化自己。

第三节　课程与教学评价的模式与方法

一、课程与教学评价的模式

（一）目标评价模式

目标评价模式是最早的、最完备的评价模式。它是在美国进步教育协会“八年研究”的过程中形成和发展起来的，由美国课程评价专家泰勒倡导。泰勒认为，教育评价、课程评价就是评价实际的课程方案在何种程度上达成了教育目标，衡量学生行为实际发生变化的程度。显然，目标评价模式强调以目标为基础进行评价，旨在测定教育目标在课程与教学中的实现程度。

泰勒提出的课程评价步骤和方法大致可以总结如下几点。

（1）拟订一般目标或具体目标。

（2）将目标加以分类。

（3）用行为术语界定目标。

（4）确定应用目标的情境。

（5）发展或选择测量目标的技术。

（6）收集学生的行为表现资料。

（7）将收集到的资料与行为目标作比较。

目标评价模式预先确定评价目标，使行为有目的性和计划性，简便易行，重视目标的可操作性和可测量性，推进课程评价科学化的进程。目标评价模式曾在国际评价领域广为流行，即使在今天仍占有重要地位。然而，这种评价也有一定的缺陷存在。首先，其过分强调预设目标，往往窄化了评价的内容，忽略了教师生活的丰富意义，压抑了教学的自主性，具有一定的狭隘性；其次，其忽视了人的主体性、创造性和课程活动的不可预测性，忽略了课程过程本身的价值。

（二）差距模式

差距模式是20世纪60年代末美国课程论专家普罗沃斯提出的一种课程评价模式。当时美国课程方案评价只注重方案之间的比较，却不关注一个课程方案由几方面构成，方案之间是否具有可比性以及方案课程评价的本质是什么。1969年普罗沃斯发表了《公立学校体制中正在进行的方案评价》一文，他在文中确立了“方案评价”的基本理念，并提出课程评价的差距模式。

这一模式共分四个部分和五个阶段。四个部分分别是：确定方案标准、决定方案表现、比较表现与标准、确定表现与标准之间是否存在差异。差异信息报告给决策者，决策者则必须在每个阶段做出一个决定或采取某一行动。评价的五个阶段如下。

（1）设计阶段。确定及详述课程标准。

（2）装置评价阶段。评价具体课程计划内的各种资源分配与上述设计之间是否存在差别。

（3）过程评价阶段。检讨课程实施过程中的各种活动是否与标准存在差别。

（4）成果评价阶段。评价课程的活动结果是否与预定标准存在差别。

（5）成本效益评价阶段。从整体上评价该课程设计与其他类似设计在效益上的异同。

依据评价的结果，在上述五个阶段中评价者可在每一阶段都做出下述决定中的一种决定：一是进行下一阶段的工作；二是重复原先阶段的工作，直到标准与表现没有差别；三是回到第一阶段的工作；四是终止整个课程设计工作。

普罗沃斯所提出的五个阶段的课程评价模式是对泰勒的评价模式的精致化，并在一定程度上纠正了泰勒只关注预定目标不关注课程的缺陷。差距模式与目标评价模式相比有了一定程度的选择性和开放性。然而，差距模式属于目标本位的范畴，强调预定目标，强调确定的评价标准，这与泰勒的目标模式没有本质的区别，限制了课程实践的千变万化的能动性、创造性和主动性。

（三）CIPP 模式

CIPP 模式就是背景—输入—过程—成果模式，是 Context、Input、Process、Product 四个单词的首字母。这是美国教育评价学家斯塔夫尔比姆于 20 世纪 60 年代后期倡导的课程评价模式。斯塔夫尔比姆认为，课程评价不应局限在评定目标达到的程度，评价最重要的目的不是证明，而是为课程决策提供评价材料。

CIPP 模式包括以下四种评价。

（1）背景评价。这种评价的目的是提供整个课程方案运行的各种依据和信息，包括课程计划实施机构的背景、评价对象的需求、满足需求的机会等。

（2）输入评价。这是对可供选择的各种课程计划进行评价，帮助决策者选择达到目的。因此，其需要对各种备选方案的具体特点和优劣势进行有效的识别和鉴定，确定其是否具有合理性、可行性和适用性。

（3）过程评价。这是通过记录、监督和检查课程实施过程，为决策者提供修正课程方案的有效信息。

（4）结果评价。这是测量、解释、评定课程方案的效果，帮助决策者决定课程方案是否终止、修正或继续使用。这就需要评价者全面考查方案的效果，包括预期效果与非预期效果、正面效果与负面效果。

CIPP 模式考虑到影响课程计划的种种因素，可以弥补其他评价模式的不足，相对来说是比较全面的。它的目的不在于证明而在于改良，能更好地反映社会对评价的新要求。不过它还是没有完全走出目标取向评价的框架，对人的主体性的认可不彻底，难以充分体现评价对象的主动性。此外，它的操作过程比较复杂，所以，难以被一般人所掌握。

（四）CSE 评价模式

CSE 是美国加利福尼亚大学洛杉矶分校评价研究中心的简称，它是一种与 CIPP 模式比较相似，但旨在为教育改革服务的综合性评价模式。

CSE 评价模式包括以下四个阶段。

（1）需要评估阶段。调查人们有何种需要，核心问题是确定评价的目标。

（2）选择计划阶段。通过分析研究，在各种方案中选择方案。

（3）形成性评价阶段。分析课程方案实施的情况，根据情况修正方案。

（4）总结性评价阶段。对课程方案质量进行全面的调查和判断，做出终止、修订、保留和推广的决定。

CSE模式在课程评价中运用得相当广泛，因为其目的是为课程计划改革服务，评价活动贯穿课程改革的全部过程，使评价的形成性职能与总结性职能得到了较好的统一。

二、课程与教学评价的方法

（一）综合比较法

综合评价法是指在教学评价过程中，教师将多堂课放在一起进行多方面的对比评价，而并不针对一堂课进行评价。这种评价方法具有一定的连续性，能够形成一定的参照对比，从而能够更清楚地认识到各节课的优缺点。

（二）量表评价法

量表评价法是一种重要的课堂评价方法。在采用该方法进行课堂评价时，一般会制定出一个评价量表，根据量表中的各项要求对课堂教学进行一一对应的评价。这一方法较为全面、客观，并且具有一定的针对性。但是这种评价方法对各项教学活动过于量化，可操作性并不强，并且评价在很大程度上受量表设计质量的影响。

（三）“行为跟进式”评价法

“行为跟进式”评价法是校本教学评价中广泛应用的一种方法。这种评价方法要求在教师完成相应的授课之后，评价者与教师一起针对这次教学活动进行分析和研究，总结经验和教训，对优点进行发扬，对缺点则商讨必要的弥补和改进措施。之后，教师改进教学策略再次进行授课，然后，再次与评价者一起探讨、分析、改进，如此反复。采用该评价方法时，教师的授课行为能够不断得到改善和提高，教师能够不断获得成长。其缺点在于评价者需要投入一定的时间和精力来对教师的课堂教学进行分析和总结，只能阶段性地开展。

（四）档案袋评价法

档案袋评价法，又被称为成长记录评价法，主要是通过对学生学习情况的了解来评价课程与教学效果。它比较适合基础教育阶段的课程与教学评价。对于档案袋内应当装什么，教育学界并没有明确的规定，关键要能够反映学生的成长历程，促进他们的反思与发展。例如，优异的成绩单、创造性的短故事、获奖图片等。一般来说,在第二个阶段或是第三个阶段,学生可以选择装自己的综合性学习考查报告、调查报告,优秀的读书笔记等。这些材料一般由学生自主决定装或不装,教师只要给出一定的建议就好。档案袋一般由学生自己保管,这样便于学生及时存放自己的作品和有关资料,并随时进行翻看,但教师要注意提醒学生好好保存。档案袋也可以由教师统一保管,保管时注意及时收发。

运用成长档案袋评价法具有很多的优势,具体如下。第一,评价内容十分丰富,不仅包括知识、技能方面的内容,还包括非智力方面的因素以及教师的课程开发过程、学生的学习过程、学习方法等多方面的内容。第二,评价主体不单一,不仅包括教师,还包括学生自己、学生家长、管理者以及同学之间,甚至社会人士也可以作为评价的主体。第三,评价过程对所有评价参与者开放,充分体现了公平、公正性,从而确保了评价结果的科学性和有效性。第四,评价结果的形成性,成长档案袋评价法对评价的过程予以高度重视,并十分注重教师以及学生在各个评价过程中的具体表现。

档案袋评价法并没有一种完全固定的模式,教师在实际的应用中完全可以依据实际需要而创造出一些符合学生具体情况的样式。例如,手掌记录法。教师为班中每名学生准备了一个"成长记录袋",要求学生在这一记录袋的封面上画上自己撑开的两只小手的轮廓。不仅如此,教师还要求学生在其右手的每个手指上写上自己的优点,之后,请同学进行评价,或请同学帮助其找出其他优点。与此同时,每个学生也需要在左手的每个手指上写上自己的缺点,之后,也请其他同学评价一下,或者请其他同学帮其找出其他缺点。在一段时间之后(如学期结束),教师需要让每名学生再画一画自己手的轮廓,然后,通过自评与互评等形式了解自己的优点增加了多少,缺点减少了多少。这样一来,该评价方法会促使学生向着良好的方向发展,即促使他们的优点越来越多、缺点越来越少。

(五)网络评价法

网络评价法是伴随着网络通信技术的发展与普及而出现的。采用该种评价方法时,教师将其教学设计和教学过程通过多种手段呈现在互联网中,由学生、教师、专家学者等对其进行相应的评价。这种评价方法充分利用了网络资源,跨越了时间和空间的限制,教育工作者之间可以进行相应的经验交流和探讨。目前很多学校在进行课程与教学评价时都采用这种方法。

第九章　课程与教学的管理体系构建

课程与教学管理影响着教育教学整体质量的高低，并且对学生综合素质的全面发展也有着十分重要的影响。加之近年来管理理念在教育教学领域的渗透越来越深入，教育学研究者们更加关注课程与教学的管理。本章就从课程与教学管理的概念入手，分别对课程管理和教学管理的相关问题进行一定的分析与论述，以期帮助相关人员更好地建构课程与教学的管理体系。

第一节　课程与教学管理的内涵

一、课程与教学管理的概念

（一）课程管理的概念

课程管理是指有关部门（或机构）、人员基于课程发展的需求，对于课程的各个环节建立管理机制，协调安置其相关因素，从而使课程实施质量得以提高的过程。

我国开始进行课程理论研究的时间较晚，涉及面较窄。有些人认为课程管理包含在教育管理或是学校管理中，教育管理和学校管理现已分别作为教育科学的独立分支有了大量的研究，所以，没有必要再专门讨论课程管理的问题。其实，教育管理多涉及对教育宏观问题的管理，如教育方针政策、教育行政、学校系统、教育人员管理、学校内部管理、教育经费管理等，而课程管理涉及的问题则比较具体，如课程目标、课程标准、课程结构等，它们与学校的教育教学目标关系更为直接，这些问题在教育管理研究中难以得到详细的讨论，因此，对教育管理的研究不能代替对课程管理的研究。此外，课程管理属于中观层次的管理，既是学校的责任，也是各级教育行政部门的职能，因此，也不能将其完全纳入学校管理理论体系之中。

(二)教学管理的概念

教学管理是指学校管理者通过一定的管理手段,使教学活动达到学校既定的人才培养目标的过程。它是学校管理的重要内容之一,是正常教学秩序的保证。教学管理的内容主要包括教学计划管理、教学运行管理、教学质量管理与评价等。

教学是整个学校工作的核心,任何一所学校都必须重视教学质量的提高。教学质量的高低关键在于教学活动是否顺利有效进行,而要保证教学活动的顺利有效进行,就必须紧紧把握教学管理这一重要杠杆。所以说,教学管理对于开展学校教学工作至关重要。

二、课程管理的基本职能

课程管理的基本职能是指课程管理系统所具有的职责和功能。一般来说,课程管理具有以下几个方面的基本职能。

(一)决策职能

课程管理在决策方面一般包括课程目标的决策、课程文件的决策、课程内容的决策、课程实验或试教的决策、课程评价的决策等。课程目标的决策就是对课程建设所要达到的目标做出决策;课程文件的决策就是对制订什么样的课程计划、课程标准,才能保证课程目标的实现做出决策;课程内容的决策就是判断编订哪些内容的教材才能实现课程目标;课程实验或试教的决策就是对课程实验的学校及试教方案的制订等做出决策;课程评价的决策就是判断何时何地以何种形式进行课程实施结果的评价。决策一般具有较强的主导性、权力性、决断性和规范性,行使这种职能时就一定要注意这些方面。

(二)计划职能

在课程管理中,管理者要对课程实施过程中将要做什么、如何做和谁去做等问题进行统筹规划,从而制定出课程设计、课程实施、课程评价等活动在一定时间、空间里的具体程序、方法、途径及其行动策略。这就是课程管理的计划职能。这一职能一般将课程现实与未来联结到一起,它可以弥补不肯定性和变化带来的问题,使课程管理活动沿着既定的课程目标行进;能够使课程管理机构的人员将注意力集中于课程目标;能够提高课程管理的合理性和效率。

（三）组织职能

所谓组织职能，就是指管理者按照课程组织的特点和原则，通过组织设计，构建有效的组织结构，合理配置各种课程资源并使之形成一个有效的运行系统，以实现课程管理目标。具体而言，设计课程组织的机构和结构，将适当人员安置在课程组织结构的适当岗位上，向配备人员发布指令，提供必要条件，监视课程组织运行，这些都是课程管理的组织职能。

（四）控制职能

在管理实践中，难免出现实现目标的航程偏离开预定的轨道的情况，作为管理者必须随时随地检测计划的运行情况，一旦发现偏离就要及时拉回正轨，这就是控制职能。课程管理中的控制职能以课程目标为中心，肇始于设定课程评价尺度和指标，在课程实施过程中以及课程实施结束后，根据设定的测评尺度对计划执行、课程实施的情况进行监督、检查，发现偏差，及时探求偏差根源，并据以进行改进。控制职能具有强制性和协调性。虽然其有助于教育行政部门对课程实施统一标准的限定，但应注意合理的操作，不能对地方、学校课程特色的形成构成一种束缚。

（五）服务职能

管理本身就是一种服务，是一种建立在制度、规范基础上的全方位的服务。新时代的课程管理不再单纯以“控制”为核心，而更注重以“服务”为核心。这就要求课程管理要遵循以人为本的理念，为课程实践者们提供各种及时、到位的服务。课程管理者要通过恰当有效的管理，为基层提供各种有利于课程实施的软硬件条件，为他们提供各种关于课程改革与实践的咨询、指导，丰富基础教育课程管理模式，保障并促进课程改革的深入开展。强化课程管理的服务职能既是课程实践的现实要求，也是社会文化日益走向民主和开放的必然结果。

三、教学管理的主要任务和基本规律

（一）教学管理的主要任务

归纳而言，教学管理的任务主要包括以下几个方面。

（1）加强教学思想管理。教学思想是教学工作的灵魂。当教学思想正确时，教学管理者和教师才会自觉地进行自我调节、自我控制，充分发挥主动性和创造性,使教学工作向好的方向发展,教学质量就会得到不断提高。因此,学校必须将加强教学思想管理纳入到学校教学管理的主要任务中。

(2)制订和实施教学工作计划。教学管理者要依据国家编制的教学计划、课程标准和教科书的要求,结合本校的人才培养目标和办学功能定位,制订学校学年或学期教学工作计划,确定课程开设方案,编排课表和教学进度表,组织、指导、检查、督促全校师生员工认真执行教学计划。

(3)建立和健全教学管理组织。学校要根据完成教学任务的实际需要,建立健全各级各类教学管理组织系统,并对系统中的各个组成部分提出明确的职责要求,确保教学工作有序、高效地运转。一般来说,中小学的教学管理组织系统应由教导处、年级组、教研组组成;大学的教学管理组织系统则应由院、系、部、处组成。

(4)检查和指导教学进展情况。学校领导及教学管理人员要经常性地深入到教学一线,通过兼课、听课、蹲点、巡视、检查、调研等了解实际的教学进展和运行情况,评估教学质量,对于教学工作中存在的各种问题及时解决,并有效指导和推动教学工作顺利开展。

(5)开展教务行政常规管理工作。教学管理者应依据学年或学期教学计划制订周计划,合理调度控制教学进程;建立健全学生学籍卡片,做好学籍的常规管理;建立健全教师业务档案,及时地掌握和科学地考核教师的业务水平状况;引导教师积极开展教育科研,有效地组织和安排教师的专业进修与提高;做好教务文档管理工作,分类保管上级文件、教学计划、试题试卷及各种教学统计资料等。

(6)加强教学质量监控与管理。教学管理的出发点和归宿是提高教学质量,因此,学校必须加强教学质量的监控与管理。教学质量的监控与管理主要包括质量标准的确定、质量检查与质量评估、质量控制、质量分析等内容。教学管理者一定要采取各种措施,做好各项有关教学质量的监控和管理工作。

(二)教学管理的基本规律

管理规律存在于事物运动变化所产生的各种现象之中。通过对教学管理活动现象进行分析,以及对历史与现实中教学管理实践经验进行进一步的总结归纳,我们认为,教学管理规律主要包括以下几个方面的内容。

1. 教学管理活动受教育规律与管理规律双重制约

教学管理活动属于管理活动的组成部分,必然要受到一般管理规律的制约,因而,必须遵循现代管理学所揭示的管理活动的一般规律。与此同时，教学管理活动作为管理领域中的教育活动，也要受到教育规律的制约。这就意味着教学管理活动还必须遵循并服从于当代教育学所揭示出的人类教育活动的基本规律。只有遵循教育与管理的双重规律，才能积极高效地开展教学管理工作，取得教学管理活动的成功。这也充分反映出“教学管理受教育规律与管理规律的双重制约”是存在于教学管理活动中的重要的客观规律。

2. 教学管理过程由四个基本环节构成

教学管理活动主要由计划、实行、检查和总结等四个基本环节所构成。原因如下。

第一，各级各类学校的教学管理活动过程都应包含这四个基本环节，且必须依次有序运行。若颠倒各个环节之间的顺序，很有可能会导致教学管理活动的最终失败。

第二，这四个环节客观存在于教学管理活动的整个过程之中，并形成了教学管理活动过程中内在的、本质的、必然的联系，且这种过程的结构与联系都具有深刻的客观性，这是不以人的意志为转移的。

3. 教学管理活动与一定社会的经济、政治与文化相适应

教学管理活动主要是对学校教育事业的管理。在人类社会中教育事业是一种有组织、有目的、有计划地培养人的社会活动，其必然会受到特定社会的经济、政治与文化的制约。教学管理活动是规划、组织、协调与控制教育事业发展的行为，应当与一定社会的经济、政治与文化相适应。这是贯穿于教学管理活动之中、不以人的意志为转移的客观规律。

4. 教学管理活动始终贯穿“以人为本”的教育思想

“以人为本”是人本主义哲学对人类管理实践活动规律的认识与揭示，强调在教学管理活动中要关心人、尊重人、理解人、爱护人，同时，将调动人的积极性、发挥人的能动性与创造性，始终作为管理活动的关键。从教学管理活动的内在属性与基本特征出发，更要严格遵循“以人为本”的规律。这主要是由以下两个方面的原因所决定的。

首先，教学管理活动的全过程都是由人进行的。在教学管理活动的整个过程中，学校管理者如校长、教学主任等，被管理者如教师、学生等，都是由人所组成的，涉及了人的全面参与。这也就决定了“以人为本”规律在教学管理活动中的普适性与特殊重要性。

其次，教学管理活动的成效与人的积极性、能动性与创造性的发挥程度

呈正比关系。教学管理主要是对人类精神领域里的教育教学活动与科学研究活动所进行的管理活动。在这种管理活动中,无论是教师的教学行为、育人行为还是科研行为等,其结果与成效从根本上取决于教师、学生主体能动性的发挥程度,同时,也取决于他们心灵深处的自觉程度、思维及行动的程度。

由此可知,在教学管理活动中,决定教学管理质量的关键在于能否坚持"以人为本"的思想理念,能否充分调动师生的积极主动性、发挥他们的聪明才智。

第二节　课程管理的内容与意义

一、课程管理的基本内容

(一)课程规划管理

课程规划管理是课程管理的首要内容,它是指国家或地方教育主管部门对学校课程建设的宏观规划、总体方案研制的过程。在开展课程改革前,一般需要设立专门的机构来加强对课程规划的管理,这些机构往往是在教育主管部门领导下由教育专家、教育行政人员以及有经验的教育工作者组成,由他们全面负责课程分析到课程设计的过程。因此,在课程规划的决策过程中,既要充分发挥教育专家、教育工作者的作用,又要善于行使教育行政部门对课程管理的职能。

(二)课程计划管理

课程计划管理主要在地方和学校这两个层面上展开。在地方层面上,教育主管部门的主要工作:一是安排地方课程,即从本地实际情况出发,设计、实施地方课程;二是调整和补充,即为适应本地区经济、社会发展的需要,可以对国家制订的课程计划做必要的调整和补充;三是分类指导,即对不同区域实施有针对性的分类指导。在学校层面上,需要注意:一是必须按照课程计划中规定的学年教学周数和周课时数安排教学活动;二是必须确保活动类课程,特别是综合实践活动的课时数;三是必须正确处理好学校课程与国家课程、地方课程的关系。

(三)课程标准管理

课程标准以纲要的形式规定了各学科的内容、体系和范围,体现了国家对各学科课程内容与教学的基本要求,是国家管理和评价课程的基础,也是编写教材、进行教学和考试评价的直接依据。当前我国正在施行的《基础教育课程改革纲要(试行)》就对课程标准的制定提出了明确的要求:"应体现国家对不同阶段的学生在知识与技能,过程与方法,情感、态度与价值观等方面的基本要求,规定各门课程的性质、目标、内容框架等,提出教学和评价的建议。"对课程标准应当进行科学的管理,这是必然的要求。这需要管理者一定要处理好统一性与灵活性的关系。就像当前世界大多数国家都力求做到统一性与灵活性的结合,既保证实现统一标准的要求,又注意给不同地区、学校以一定的选择权,以适应差异性的存在。

(四)教材管理

在课程管理中,教材管理也是一项不可缺少的内容。教材管理一般包括建立教材编写的核准制度、完善教材审查制度、建立教材评价制度和教材选用制度。当前,在教材管理上主要存在着国定制、审定制、认定制、选定制和自由制五种制度。

(五)课程实施管理

课程实施是将课程方案付诸实践,将计划变成现实的过程。这一过程对于课程目标的实现来说非常关键。因此,课程实施管理也就成了课程管理中极为重要的内容。很多设计完好的课程无法实施的原因之一是缺少一个与之相适应的管理方式。所以,课程管理者一定要采取最合适的方式对课程实施的整个过程进行恰到好处的管理。

(六)课程评价管理

课程评价管理主要涉及两个方面:一是学业成就测验的管理;二是发展性课程评价的管理。在学业成就测验的管理中,需要注意加强对试题编制工作和编制人员的管理;加强对测验考试实施的管理;加强对测验考试信息反馈和质量分析的管理。在发展性课程评价的管理中,要注意加强对课程评价改革指导思想的学习,树立新的发展性评价观;加强对教与学过程评价的管理;加强对学生制订、改进学习计划的指导和管理。

二、课程管理的重要意义

世界各国都十分重视课程的管理，这是因为课程管理具有自身难以替代的重要意义。

（一）课程管理是决定课程实施成败的关键

课程实施是把课程计划与方案付诸实践，以达到预期的课程目标的过程。而课程管理实际上就是把影响课程实施的诸多因素充分地组织与协调起来，有效地整合、利用课程资源以实现课程目标的过程。它们的最终目标是完全一致的。课程实施是一个复杂、艰难而又富有创造性的变革过程，是一个多种因素与矛盾交织的过程。这一过程的有效、顺利开展，离不开对影响课程实施的诸多因素的组织和协调，离不开对课程实施计划和方案的及时调整，离不开对课程实施的不断总结与反馈。总的来说，课程实施离不开课程管理，课程管理是课程实施成败的关键。没有有效的课程管理，那么，课程实施最终也难以获得预期的目标。

（二）课程管理可以增强课程的适切性

从当前国际课程管理的发展趋势来看，各国都力图建立新的课程管理模式，在保证国家的宏观调控下，给地方特别是学校更大的课程管理的权限，充分调动他们课程管理的自主权和创造性，其目的就在于增强课程的适切性。我国目前开展的基础教育课程改革中，推行地方课程，鼓励学校开发校本课程，构建国家、地方与学校的三级课程管理体系，其意义也在于增强课程的地方、学校适切性，使课程的开发与实施符合地方，特别是学校的实际。

通常来说，将新的课程计划付诸实践就开始了一次新课程的实施。新的课程计划蕴含着对原有课程的一种变革，因此，新课程实施的过程就是新课程变革的过程。这种变革的落脚点在于学校教师的课程实施水平与状况，在于学生的课程体验。因此，教师、学生对于增进课程的适切性有着极为重要的作用。加强学校课程管理可以充分、合理地利用和协调各种课程资源，为提高课程的适应性创造有利条件，并提供必要的组织和制度保障，进而让教师充分理解课程设计的意图，从而更好地开展个性化、创造性的教学。

（三）课程管理是提高教师专业化水平的有效载体和平台

课程实施靠教师来执行，教师实施新的课程本身就蕴含着对原有课程的一种变革。这种变革要求教师系统考虑影响课程实施的各种现实因素，对自己的思维方式、个人习惯、教学方式等进行一系列的调整，实现课程的再创造，如对课程时间的微调、对课程内容进程的改变等。这一调整、创造的过程，对教师而言就是变革教学的过程。教师的专业化水平也正是在这种变革过程中逐步提高的。可见，课程管理给教师提高专业化水平提供了一个很好的平台。

当然，课程管理体制和状况也会影响教师专业化发展。集中统一、机械的课程管理体制必定束缚教师参与课程变革的空间，限制教师参与课程变革与实施的积极性、创造性，从一定程度上也就使教师丧失了专业成长的机会。长期以来，由于我国实行中央集权制的课程管理模式，中小学教师缺乏参与课程变革与发展的途径和传统，缺乏必要的专业自主权。这就使得我国中小学教师队伍虽然学力在迅速提升，但内在的专业化水平不高。所以，改革课程管理体制，赋予地方和学校一定的课程管理权限，充分发挥地方和学校课程管理的自主权和积极性，引导教师积极参与到课程变革的专业实践之中，能够在很大程度上丰富教师的专业知识和技能，提升教师的反思与研究能力，增加专业自信，推进教师专业化水平的提升。

第三节　课程管理的层次与模式

一、课程管理的层次

我国于2001年发表的《国务院关于基础教育改革与发展的决定》规定：“实行国家、地方、学校三级课程管理。”所以，就我国来说，课程管理有三个层次：一是国家课程管理；二是地方课程管理；三是校本课程管理。

（一）国家课程管理

这一层次的课程管理主要是由国家教育行政部门的最高机构——中华人民共和国教育部担任职能部门对课程进行管理。其主要职能是制定国家基础教育培养目标、课程计划框架和课程标准等宏观的政策，并指导和监控地方、学校贯彻执行国家课程政策。国家对于课程的调控，从国家课程到地方课程，再到校本课程，逐步减少，课程管理权力的重心一步步下移。

（二）地方课程管理

这一层次的课程管理主要是由地方教育行政部门担任职能部门对课程进行管理。其主要职能是贯彻执行国家课程计划和课程标准，按照地方的实际情况与发展需要，为落实国家课程标准制订具体方案，开发地方课程，指导学校合理地实施地方制订的课程计划。

（三）校本课程管理

这一层次的课程管理主要是由学校担任职能部门对课程进行管理。学校既是执行课程计划的机构，也是真正处在教育一线的地方，是理想课程转变为现实课程的主阵地。因此，校本课程管理对于保证课程目标的实现范围和实现水平均具有重要的意义。

近年来，“三级管理”的课程管理政策得到了很好的实施，也切实发挥了其作用。国家、地方和学校形成了一个和谐开放的管理系统，充分发挥各自的管理作用，确实有助于课程目标的实现。当然，它也反映了一种顺应时代要求的改革理念，即教育必须主动适应当代社会进步对培养高素质的各级各类人才的紧迫需求，教育必须主动适应受教育者的当代特点、个体及群体之间的差异，真正使受教育者得到自主的、全面的、持续的发展。

二、课程管理的模式

当前阶段下放眼世界可以发现，课程管理模式基本上以中央集权型、地方分权型和混合型三种为主。至于实行哪种模式，一般是受多种因素影响的，如政治因素、外来因素、历史传统因素等。不管受何种因素的影响，随着影响因素的发展、变化，世界各国都在对课程管理模式不断地进行着理论与实践上的探索与变革。以下就对三种主要的课程管理模式进行论述。

（一）中央集权型的课程管理模式

中央集权型的课程管理模式是由中央制定统一的课程标准，拟订统一的教学计划和教学大纲，确定统一的课程评价标准等。强调课程的同一性和统一性，强调所有地区、所有学校都设置相同的学科、运用相同的评价标准，甚至有的国家要求使用相同的教材，使用相同的课程表。世界上比较典型的实行中央集权课程管理模式的是俄罗斯及改革前的中国。

这种课程管理模式的特点主要表现在以下三个方面。

第一，课程设置标准、课程计划和教学计划合为一体，由国家制定并通过政令颁布实施，地方政府和学校只能依照执行，无权作出调整，也无须承担责任。

第二，对于科目设置、课程内容、教学时数以及学年周数、各学年培养目标、升学与放假事宜都有统一、详尽的规定。执行全国性或区域性的统一的中小学升学考试或毕业考试。

第三，国家行使对中小学教材的审定权，教科书的编写与使用比较开放。

这种课程管理模式通过实行统一的教育标准能够保证基础教育质量；能够实现一种相对的教育平等；还有利于保证文化的统一，培养学生的文化认同感；提高重大的教育改革、课程改革的效率。当然，这种课程管理模式也有自身的局限。例如，不能照顾到地区之间经济、文化上的悬殊差异；不利于调动地方和学校的积极性；不利于教育民主化、科学化的进程；还削弱了教育为当地经济和社会发展服务的功能。

（二）地方分权型的课程管理模式

地方分权型的课程管理模式是与中央集权型的课程管理模式相对的一种管理模式，强调社会需求多样化，强调学校自身的独特性，强调学生的个别差异，强调发展人的个性，实质上强调以人的发展为本。在这种模式下，各地区没有统一的课程计划、课程标准，不同的地区和学校可以有上百种备选教材、上百种选修课。英国、德国、美国、加拿大等是采用这种课程管理模式的典型国家。

这种课程管理模式的特点主要表现在以下三个方面。

第一，课程设置和管理实行分权体制，国家不做统一规定，课程管理的主体是地方和学校。

第二，科目设立、教学内容、课时标准、培养目标等不统一规定。

第三，教科书的编写、审定、发行不做统一规定和限制，地方和学校可自由选择和确定教材。

这种课程管理模式充分考虑了地区、经济、文化差异，使教育能真正服务于当地经济；有利于调动地方和学校的积极性和主动性；有利于发挥地方与学校的创造性；有利于促进教育的民主化、科学化。此外，每个地区、每所学校都努力使本地本校的课程高速高效地运行，达到局部最优化。当然，由于没有统一标准，在这种课程管理模式下，各地各校培养的学生水平参差不齐，教育质量难以保证。其也不利于国家对教育的宏观上的统一控制和管理，容易导致课程管理的失控，造成教育上的混乱。

（三）混合型课程管理模式

混合型课程管理模式就是中央集权型和地方分权型课程管理模式相结合的一种管理模式。这种管理模式现在越来越受各国的欢迎。因为它在国家统一要求的前提下实现多样化、灵活化和弹性化，既能保证国家的教育基本质量水平，又能满足地方和学校的实际需要。也就是说，它有效地克服了中央集权和地方分权课程管理模式的缺陷。例如，美、英等实施地方分权型课程管理模式的国家为了克服自身的缺点，借鉴了中央集权型课程管理模式的优点，从改革课程标准入手，发布了一系列法规、文件，建立国家统一的课程标准，从而提高了教育质量。而一些实行中央集权型课程管理模式的国家，也都借鉴地方分权型课程管理教科书制度方面的做法，期望建立比较自由的教科书编写、审定、出版、选用等制度。我国的改革突破口就是教科书制度，采用“一纲多本”的措施，使教科书多样化，教师、学生等对教科书的发言权逐渐扩大，从而调动了各方面的积极性。

随着社会的不断发展和教育的不断创新与变革，采用混合型课程管理模式的国家也在不断地进行变革。如法国实行10%的自由支配课程，扩大学校的权力；日本教科书制度由国定到审定，且逐步放宽审定标准。在此基础上，有人倡导建立一种理想的模式——融合型管理模式，融合型是指集权与分权有机结合，二者合理配比，达到最佳整体优势，发挥系统功能。融合型不同于混合型，二者的区别就类似于化学中的所谓化合物和混合物，即融合型是一个有机整体，是一个系统。不过，如何将分权和集权有机地融合到一起，二者的融合度达到多少为最佳，这些还不容易掌握，还需要不断探索。

第四节　课堂教学的管理探究

课堂教学是学生学习、获得知识和技能的重要途径，也是教师实现教育理想、获得专业可持续自主成长的重要平台。良好的课堂教学，课堂氛围和谐融洽、师生心协力合、答问流畅，能够愉快轻松地达成教学目标。对于课堂教学来说，最主要的管理者就是教师。所以，教师要了解课堂教学管理的基本内容，掌握课堂教学管理的基本原则与技巧。

一、课堂教学管理的主要管理范畴

从广义层面来看，课堂教学管理的主要范畴包括：课前管理（准备）、课堂中管理(过程)和课后管理(完善)三个环节。[①] 从狭义层面来看,课堂教学管理主要指对课堂教学过程中的管理,包括课堂教学进程的管理和课堂教学秩序的调控。我们这里主要从狭义层面上进行相关的认知。

(一)课堂教学进程的管理

课堂教学进程的管理主要包括以下两个部分。

第一,课堂教学节奏的处理,即对课堂教学过程中教学速度、强度、密度等在时间上以一定的次序有规律地交替出现的形式的把握。

第二,课堂教学环节的管理,即对课堂教学过程中几个外在的活动阶段,主要包括导入、展开、结束三个部分的管理。在导入部分教师需要把握住课堂导入技术的重要内容:引起学生注意,激发学生的学习兴趣和学习动机,建立起学生已有知识与将要学习的新知识之间的联系等;展开部分是课堂教学的主体段落,是实现课堂教学目标的根本载体,在这一环节中教师需要把握住的几项重要内容有:维持、提高学生的学习积极性,控制教学的节奏,处理课堂教学过程中的偶发事件和问题行为等;结束部分是课堂教学的最后环节,主要目的是完成课堂教学的有序收尾。

(二)课堂教学秩序的管理

课堂教学秩序,是指在特定的教学环境中,教师和学生为达成预定教学目标进行互动教学时表现出来的有序状态。其关乎学生参与课堂教学活动的程度,关乎学生注意兴奋点所在,关乎学生学习积极性和主动性的调动。自课程改革以来,要求课堂教学重心由教师转向学生,强调学生的主体性、教师的主导性,强调课堂教学中的合作学习、探究学习、自主学习,因此,课堂教学秩序的把握显得尤为重要。课堂教学秩序的管理主要包括以下三个方面。

第一,学生课堂注意的调控。学生的课堂注意就是学生在课堂上对一定对象的选择与集中。学生的课堂注意状态直接影响着课堂活动效率和课堂纪律状况。

第二,课堂偶发事件的处理。在课堂教学中能否妥善处理各种偶发事件,一定程度上取决于教师自身的教育机智,也取决于教师是否掌握了一定的应急办法与技能。

第三,课堂问题行为的管理。这是影响课堂教学秩序的重要因素,是占据教师相当精力的管理范畴。

---

① 李劲松. 有效的课堂管理[M]. 长春:东北师范大学出版社,2006:117.

二、课堂教学管理的基本原则

课堂教学管理是保障课堂教学顺利进行的重要方面,也是实现课堂教学目标的基本保障。在对课堂教学进行管理的过程中,必须坚持一定的原则,才能保证课堂教学的科学性、合理性。

(一)教师主导与学生主体原则

教师主导与学生主体原则,是指在课堂教学过程中,教师既要充分发挥主导作用,也要善于调动学生学习的自觉性、主动性和积极性,使教学过程成为师生双方密切配合、协调共进的过程。具体而言,教师在教学管理中要注意始终处于指导者和教育者的地位,控制教学进程和教学秩序。同时,要在课堂教学中尊重学生的主体地位和人格,从而不断提高学生学习的积极性和主动性,使学生成为真正的有意义的学习活动的主体。

(二)激励与自律原则

教师在课堂教学管理中要多采用鼓励的方式,激发学生养成良好的行为习惯,促进学生的自我管理、自我约束,培养学生在课堂中的自律意识,而不是过多地指责和批评。这就是激励与自律原则。遵循这一原则,教师首先要注意适时给学生的良好行为表现给予积极的刺激。学生在课堂上一有良好的表现,如积极听讲、积极发言等,教师就立刻进行肯定和表扬,使这类行为得以强化。此外,教师要有意识地给学生树立一些榜样,发挥榜样的作用。

(三)民主与共同参与原则

民主与共同参与原则,是指师生在制定和维护课堂规则、维持教学秩序时,应采取民主和共同参与的原则,即教师应尊重学生的人格与意见,与学生以共同商讨的方式制定出灵活严谨的课堂规则,从而形成学生对课堂规则的认同感。教师要尽量使学生自愿、自然地接受课堂规则,从而自然养成遵守课堂规则的态度和习惯。

(四)差异性与科学性原则

在课堂教学中,教师面对的是一个个具有鲜明的自我个性的学生,每节课的教学内容也都不同。所以,教师要根据不同的教育对象、课的类型以及课堂基本环境、课堂管理方式等进行差异性与科学性的管理。例如,低年级学生年龄小、自控能力较差，课堂上难免出现开小差、做小动作、说闲话等现象，所以，教师在教学的同时，要积极地组织课堂，采用多种灵活方式维持教学秩序、调控课堂，培养学生良好的课堂行为习惯。

（五）动态性原则

动态是一种变化、发展的状态。动态性原则就是要用变化、发展的眼光看问题。课堂主要是一种动态系统，课堂教学管理必须坚持动态性原则，以变化的眼光看待课堂问题，以发展的视角进行课堂教学管理。对于课堂中的问题要进行动态的考察。课堂环境时时都在变迁，课堂成员时时都在发展，影响课堂的因素总处于变化之中。因而，要从发展的角度看待课堂中的问题、冲突与矛盾，要从变化的视角认识课堂的进展、停滞与挫折。坚信学生具有潜在发展的可能，是可以获得完整发展的。有了目标的指引，一切问题皆处于动态的审视之中，有效课堂教学管理也是必然可以实现的。

三、课堂教学秩序的管理策略

良好的课堂教学秩序可以维持课堂的稳定，激发学生的学习潜能，降低师生时间与精力的消耗，提高教学效率，是完成教育教学任务的基本保证。所以，教师一定要注意维护好课堂教学秩序。而良好的课堂教学秩序不会随着教学活动的展开而自发形成，这就要求教师要注意采取适当的策略。以下就是一些可用且有效的策略。

（一）制定有效的课堂规则

规则，可以说是一种指引或者约束。课堂规则是为维护正常的课堂教学秩序，保证课堂教学效果，而要求所有教学参与者遵守的基本行为要求和准则。

1. 制定课堂规则的原则和要求

针对不同的学校情况、班级情况、学生情况，课堂规则自然也有所不同，但基本上都要注意以下几点。

(1)规则条目少而精。资深教师认为，因为规则典型地表明一般性的期望与标准，所以，少量的规则即可有效管理一个班级。一般而言，5～10个规则就能设置出学生的积极行为和对学生行为的期望。

(2)课堂规则的内容不能与有关教育法律法规以及校规相冲突。课堂规则与基本法令和规章制度发生冲突会引起学生的价值混乱，影响课堂规则的执行效力，并会给学生带来实践中行为抉择的困境。

(3)课堂规则的制定应明确、合理、必要和可行。课堂规则一定要明确，如“注重自己的行为”这样的规则是十分模糊的，很难起到约束与指导作用。总之，在制定高校课堂规则时，应当描述清楚允许的具体行为、禁止的具体行为，并做到合情合理，既不妨碍学生的正常学习，也不能有损于学生的身心健康。

(4)课堂规则的内容表述应以正向引导为主。课堂规则最好用积极正面的语言来表述，少采用不准或禁止等消极负面的语言。积极的语言可以使学生对教师的期望产生积极的反应，使学生理解教师对学生的尊重，从而自觉自愿地遵从课堂规则的要求。

(5)让学生与教师共同制定。课堂规则不能由教师凭个人喜好而单独制定，应当经过与学生的共同探讨而最终确定。毕竟学生通过充分参与讨论，对规则的理解和认同就比较容易，对规则的态度就能从抵制、被动接受转变为自觉遵守，从而保证课堂规则的执行效力。

2. 制定课堂规则的方法

课堂规则制定的方法有很多种，以下就是几种可行的方法。

(1)自然形成法。这是指将原来已经存在并适宜于多数学生的常规加以具体化。例如，对多数学生“进出课堂都要说明理由”等自然的良好行为加以强化，并且经由师生共同交流、讨论，便可成为师生所共同遵守的课堂规则。这种方式往往简单易行，而且也较容易让师生双方接受。

(2)引导制定法。这是指将原本不存在或者没有引起注意的常规引申为课堂规则，从而让大家共同遵守。具体有以下三种方式：一是先由学校或教师设计某种规则，然后经由学生讨论后形成课堂规则的自上而生法；二是先由学生建议设立某种规则，再经由教师许可而成为课堂规则的自下而生法；三是由师生在课堂活动实践的基础之上，针对一些不良行为而共同讨论制定课堂规则的上下交融法。

(3)移植替代法。这是指将其他课堂中好的规则直接移植过来，然后替代原有的课堂规则。采用这种方法时，教师与学生需要注意所移植来的规则是否适合于本班课堂。毕竟课堂规则是与其特定的课堂环境相对应，并在课堂活动的实践过程中逐步得以实现的。即使是一些较好的课堂规则移植到本班课堂教学过程中，也并不一定就是完全合适的。因此，这就要求师生要对其他课堂中的良好课堂规则作深入的分析，采取谨慎的态度，不宜完全照搬。

(4)参照制定法。这是指教师或学生发现其他班级的课堂具有某种良好的行为规范，而这一行为规范恰好又是本班课堂所缺少或不足的，便参照进行修改，使之适宜本班课堂教学活动，以养成学生在该方面的良好行为。

（二）创设良好的育人环境

学生的课堂行为往往与其所处的环境直接相关。经教学实践证明，育人环境一旦不能满足学生的心理需求，那么，就很容易造成学生消极的学习态度和不良的学习行为。良好的课堂环境不但能够减少产生问题行为的可能，同时，还可消解一些潜在的问题行为。而良好课堂环境的建设，基本涵盖了良好班风、学风的培养，以及教室环境的管理与布置。所以，教师想要有效地完成课堂目标，就需要优化课堂教学环境。

此外，加强辅导员、班主任队伍建设力度，加强学生干部队伍的建设力度，积极营造民主、健康向上、勤学的良好班风、学风，有利于育人环境的优化。

（三）强化正面影响

在教学秩序的维护方面，表扬和鼓励正面行为是一种相对有效的管理策略。鼓励和表扬能给学生带来愉悦的情绪体验，在鼓励中成长的学生乐观、自信、性格开朗，尤其在学生心目中占重要地位的教师的鼓励，能给学生的发展带来意想不到的动力。教师不经意的微笑、点头、肯定、褒奖都可能成为学生进步的原动力。在鼓励和表扬环境下成长的学生，对未来充满信心，学习成绩往往比较优秀，有比较健全的人格，其人生观和价值观比较成熟，能较好地应对各种困难和挫折。因此，为了学生的健康成长，教师应善于鼓励和表扬学生，尽量拉近与学生的距离，多发现教学中的美，为学生的茁壮成长做出更大的努力。

（四）纠正学生的不良行为

在课堂教学中，学生难免出现一些不良的行为，课堂问题行为的表现复杂多样，对课堂秩序的危害也各有不同，处理不好会影响师生关系、破坏课堂气氛、影响教学效率。因此，教师一定要注意纠正学生的不良行为。一般来说，教师要多用表扬和鼓励的积极手段强化学生的正面行为。当然，这并不代表应该杜绝批评和惩罚。恰恰相反，对特定学生的特定行为，教师的严厉批评甚至惩罚，更能起到很好的惩戒作用。对学生的一些过激行为或攻击性行为，教师必须给予适当的惩罚。惩罚是在爱的前提下，指出受教育者错在哪里，让其对自己的行为有正确的认识，并从小懂得人都要为其做的事、犯的错而承担责任，从而养成受教育者的责任感，提高自我教育能力。

教师在实施惩罚时要注意运用心理学、教育学的理论，防止受教育者由于惩罚而造成意义障碍。

(五)树立教师权威

树立教师权威对于建立和维持良好课堂教学秩序也有着非常重要的意义。教师具有权威地位，学生才能心甘情愿地接受其教育影响，才能亲其师，信其道，教师在规范学生行为方面才能“令行禁止”，使课堂教学稳步有序地进行。

教师在日常的教育教学生活中，经常表现出三种不同的权威形式：第一种是传统的权威，主要来自于尊师重教的社会传统，只要教师承担教书育人的社会职责，便自然地享有社会所赋予的权威。第二种是人格感召的权威，来源于教师自身的道德修养和学识水平。“学高为师，身正为范”，教师优良的人格特质能对学生形成一种自然而然的吸引力，使得学生积极自愿地接受教师的教育。第三种是法定的权威，这种权威来源于法律和规章制度。接受过系统的专业训练并取得教师资格，必然享有法律赋予的合理权威。

在日常的教学生活中，教师要有意识地保有乃至提升自身的权威地位。当然，在享有外部赋予的权威的同时，必须不断加强人格修养，提升专业水平。只有这样，才能以自己的真知灼见征服学生，得到学生全方位的认同，进而获得一种理想的权威地位。

(六)吸引学生积极参与教学活动

如果教学内容过于枯燥贫乏，学生往往不能长久地保持注意力，而随着学生注意力的分散和干扰活动的增多，必然带来课堂秩序的混乱。因此，要维持良好的教学秩序，还需要教师不断创新教学方法，以新颖有趣的活动和内容来吸引学生的注意力。如课堂提问、分组讨论、情景表演、问题抢答、探究活动和小组竞赛等方式，都能够激发学生的探究意识和求知欲，使学生以积极的、愉悦的情绪参与到教学中来，从而保证课堂教学秩序的维持，大大提升课堂教学的成效。

第三篇　课程与教学论的变革

第十章　课程与教学变革的内涵分析

20世纪50年代以后,世界进入了科学技术飞速发展的新时代。由于社会生产和科学技术的迅猛发展,知识的总量急剧增加,知识更新的速度日益加快,知识的无限性和生命的有限性之间的矛盾日益加深。同时,劳动的复杂程度日益提高,劳动性质中的脑力劳动成分日益增加,教育面临新的挑战。在这种情况下,教育开始尝试进行改革。课程与教学是现代教育最重要的两项内容,自然也是教育改革中非常重要的环节。

第一节　课程与教学变革的内涵

一、课程与教学变革的概念与特征

(一)课程与教学变革的概念

随着时代的变迁与社会的不断进步,教育学界发生了翻天覆地的变化,特别是新的教育理念不断冲击着人们的内心,使得人们逐渐开始以审视的目光看待传统的事物,并企图摆脱传统的束缚,用新的思维来创新与发展事物。因此,进入新时期以来,变革课程与教学的呼声越来越高,为新时期我国的教育改革奠定了基础。

课程与教学变革实际上是在社会不断发展的情况下,对教育教学与教学课程进行变革的一个过程。它包含教育教学变革和课程变革两方面的内涵。

当前科学技术已经渗透到我们生活的每一个角落,改变着我们的生活,成为促进经济发展乃至整个社会发展的动力。科学技术是推动社会发展的革命性的力量,也影响着教育教学的变化和发展,尤其是对实践层面的现代教育教学产生了很大影响。一方面,科学技术改变了人们对现代教育教学的认识,将许多新的教学观念、先进的教学技术、教学手段与方法等引入现代教育教学中;另一方面,科学技术的推广和普及为学生提供了大量的信息,极大地扩展了学生的知识面,使学生能更深刻、更广泛地学习所学课程,也扩大了学生视野,增强了他们对周围世界的了解,进而大大扩展了现代教育教学的范围和内容。此外,现代科学技术尤其是计算机和网络的运用,增强了课堂教学的生动性和直观性,增强了课堂教学的效果,提高了教学的效率。网络教学拓展了班级学习的空间与资源,使教室延伸到全世界,使学生可以得到天下名师的指导,为学生个性的全面发展创造了条件。同时,计算机和网络也改变了学生的学习方式,同伴之间的交流得到增加,实现了真正意义上的"交互学习"和"发现学习"。在这种情况下,变革传统的教育教学模式就成为一种必然。

课程变革也可称为"课程改革",它是指按照某种观点对课程和教材进行改造,包括课程观念的变革和课程开发体制的变革,是一项有目的、有计划的行动,以一定的理论为基础。课程改革包括课程的指导思想、课程的诸多要素所发生的或整体、或局部的变化,具体包括课程的设计、目标、内容、实施、评价等方面。20世纪初,我国开始实行新一轮课程改革,实现由传统学习方式的"被动性、依赖性、统一性、虚拟性、认同性"向现代学习方式的"主动性、独立性、独特性、体验性与问题性"转变。新课改的核心理念是"一切为了学生的发展"。新课程改革的主要任务是更新观念、转变方式、重建制度,即更新教与学的观念、转变教与学的方式、重建学校管理与教育评价制度。

(二)课程与教学变革的特征

面对日新月异的社会变化,那种传统的、一成不变的思想显然不能适应现代社会发展的需要。所以,一提到课程与教学变革,人们很容易想到"破旧立新""旧貌换新颜""跟传统挥手、与历史诀别"。实际上,课程与教学变革断然不是对传统的简单否定、推倒重来、另起炉灶,而是在前面课程与教学变革基础之上的一个有破有立的扬弃过程,是一个连续性很强的历史过程。

从课程与教学变革的实践来看,对历史和传统的承继是一个涉及"人"的过程,而"人"是极其复杂的,这决定了课程与教学变革具有长期性的特点。一直以来,人们相对比较重视课程与教学变革过程中一些技术性的问题，但课程与教学变革的真正旨趣并不在于技术，而在于“人”，在于“为人”和“人为”。“为人”是从学生的角度而言，意指课程与教学变革的目的在于关涉“人”的提升与发展，在于指向“人”的未来和幸福，在于形塑“人”的德性与品行，在于彰显“人”的尊严与价值；“人为”是从变革参与者的角度而言，意指课程与教学变革的顺利与否取决于参与者变革的目的是否正确，变革的观念是否转变，变革的信念是否坚定，变革的热情是否高涨，变革的态度是否端正，变革的行为是否合理，变革的环境是否和谐等。“为人”的艰巨性和“人为”的复杂性使得变革是非直线的，而且充满了不确定性，有时甚至还违反一些常理。因此，课程与教学变革是一项旅程，而不是一张蓝图。我们必须对课程与教学变革的长期性有足够的心理准备。

二、课程与教学变革的背景

任何事物的变革都有其相应的变革背景，课程与教学变革也是如此。一般来说，课程与教学变革的背景主要包括以下两方面。

（一）社会、经济发展的新特点

1. 知识经济时代

21 世纪是“知识经济时代”。之所以这样说，是因为从 20 世纪西方发达国家逐步进入所谓的“后工业社会”或“信息社会”到 20 世纪 90 年代，知识已经成为社会中最重要的生产要素，它对于经济增长的贡献率已超过其他生产要素贡献率的总和。

可以说，知识经济标志着人类生产方式的又一次重大变革。在知识经济时代，社会财富不再主要蕴含于自然资源之中，而是主要蕴含于人的大脑中；社会的主要动力源泉不再是自然资源，而是人力资源。就像有些学者所描述的，知识经济是一种新型的、富有生命力的经济，是人类社会进入计算机和信息化时代出现的一种经济形态。我们也可以称它为智力支撑型经济，因为它使知识成为经济发展的基础和经济增长的驱动力。谁拥有先进的技术和最新的知识，尤其是拥有知识创新能力的人，谁就将领导世界潮流。

在知识经济时代，知识与信息成为社会进步的基础和动力，这对社会与个人的教育和学习提出了新的、更高的要求。正如钟启泉等学者所言，“知识经济最大的特点是对人才的需求发生了质的变化，对具有知识创新能力的人提出了很高的要求，因此，创新型人才的教育与培训在当今获得了至关重要的意义。”

2. 全球化进程加速

全球化的概念多种多样，综合而言，是指首先从经济（金融和资本）领域开始并扩展到各个领域的世界一体化进程，其中包括世界不同地域及不同社会间的价值、知识、制度、科技等的转移、调适及互相影响。

我国学者杨雪冬从不同的角度将全球化归纳为六个方面：一是从信息通讯角度看，全球化是人类利用先进的通信技术克服自然地理因素的限制，进行信息的自由传递。二是从经济角度看，全球化是经济活动在世界范围内的相互依赖，特别是形成了世界性的市场，资本超越了民族国家的界限在全球自由流动，资源在全球范围内配置。三是从危及人类共同命运的全球性问题角度看，全球化被视为人类在环境恶化、核威胁等共同问题面前达成了共识。四是从体制角度看，全球化是资本主义的全球化或全球资本主义的扩张。五是从制度角度看，全球化是现代性的各项制度向全球的扩展。六是从文化和文明角度看，全球化是各种文化、文明发展要达到的目标，是未来的文化和文明的存在形态。

（二）社会、经济发展对教育提出的新要求

随着我国社会、经济发展所呈现出的新特点，我国社会、经济发展同样面临着日益严重的新挑战，包括综合国力竞争的挑战、人类生存环境的挑战以及人才需求变化的挑战。如在新世纪，我们不仅需要更多的人才，而且需要更多类型的人才；不仅需要传统意义上知识型、专家型的人才，而且需要实践型、管理型、开拓型、创造型的人才；不仅需要具有本土性的人才，更需要具有国际化、世界性的人才。

分析未来我国社会、经济所面临的新挑战，各国综合实力的竞争，主要表现在政治、经济、文化、科技、军事等方面，但本质却是人的竞争，是各级各类人才培养的竞争，是教育的竞争。而解决人类生存与发展所面临的环境问题，实现人类社会的可持续发展，也是需要人类自身观念和行为的转变，需要全面提升国民素养。由此看来，人才发展战略是一个国家最重要的战略，也是一项长期发展的战略。因此，我国社会、经济发展必须朝着人才资源强国的方向发展，要以全面提高国民素养和加快培养各级各类人才为重要任务。

三、课程与教学变革的意义

进入 21 世纪之后，世界各国有识之士都认识到，在知识经济时代，一个

国家最重要的资源是高素质的人才，而教育是提高国民素质、培养高素质人才的重要途径，教育在提高国民素质、增强综合国力中发挥着越来越重要的作用。目前，在世界上 200 多个国家中，无论是欧美的一些发达国家，还是东南亚的一些发展中的国家，都在进行课程与教学变革，努力发挥教育在增强国家核心竞争力中的作用。

目前，一些发达国家在课程目标上十分重视学生价值观、态度和品德的培养，认为基础教育必须加强国际理解教育和多元文化教育，让学生“学会共同生活”。“例如英国新课程改革方案提出的国家课程目标第一个就是，促进精神、道德、社会和文化的发展。方案提出，全部国家课程的科目都旨在为学生提供促进其精神、道德、社会和文化发展的机会。”[①]在课程目标中突出价值观与品德培养的同时，一些发达国家将课程目标定位于终身学习能力的培养。因为在知识经济时代，知识更新速度日益加快，学习能力的培养比知识的掌握更为重要，所以，培养学生的终身学习能力必须作为重要的课程目标。按照终身学习的观点，基础教育是一种“初始教育”，是终身学习的起点。在基础教育过程中，要关注学生终身学习的需要，要把培养学生良好的学习态度和学习习惯作为课程的重要目标，为每一位社会成员的终身发展奠定良好的基础。

2001 年 6 月教育部颁布了《基础教育课程改革纲要(试行)》(简称《课程改革纲要》)，这是改革开放以来教育部颁布的第一份关于基础教育课程改革的指导性文件。多年来，我国广大教育工作者在《课程改革纲要》精神的指引下，对我国基础教育的课程进行了深入的、持久的、全方位的改革。而在这场变革中，我们也逐渐发现，课程与教学变革的推进具有以下几方面的意义。

(一)对学校发展的意义

1. 促进学校文化的改造和重建

改革深入到一定程度一定是要触及文化的。随着课程改革的深入，学校文化逐渐成为研究者关注的热点问题。所谓学校文化，是指经过长期发展、历史积淀而形成的全校师生的教育实践活动方式及其所创造的成果的

---

① 钟启泉，杨明全．主要发达国家基础教育课程改革的动向及启示[J]．全球教育展望，2001(4)．

总和,包括精神、制度、行为层面的内容。① 当前正在进行的新课程改革秉承改革、创新、特色、发展的素质文化理念,对当前学校文化所固有的保守、封闭、静态、刚性的学校文化理念产生了强烈的冲击。新课程改革就是要打破学校文化的保守、落后、沉寂状态,促使学校对自身的文化进行全面的反思、检视,并根据新课程改革的文化理念要求,自觉担当起学校文化重建的使命,促进学校文化的更新与发展,进而营造出促进课程改革顺利进行、实现学校内涵特色发展、教师学生全面和谐发展的文化氛围。

2. 促进学校价值观的重塑

在传统的课程与教学模式下,教育的首要目标在于提高学生的知识水平,但其检测的方法被禁锢在考试上,从而使学校变成了"应试"的战场。新一轮基础教育课程改革的核心目标强调了课程功能对学生"全人"的关注,它明确规定改变课程过于注重知识传授的倾向,强调形成积极主动的学习态度,使学生获得基础知识与基本技能的同时,成为学会学习和形成正确价值观的过程。学校课程要引导学生学会学习,学会合作,学会生存,学会做人。这就在很大程度上为学校塑造新的、适应学生发展需求,为符合社会人才培养要求的学校价值观奠定了良好基础。

(二)对教师发展的意义

课程与教学的变革也会对教师产生促进作用。一方面,参与课程与教学变革的过程实际上是一种创新的过程。教师在参与的过程中,需要一定的时间和精力来发展新技能以便承担新角色,需要重新学习以避免无力指导学生的尴尬,这就要求教师不断地适应新的观念和塑造新的行为,从而能在新、旧观念冲突的过程中不断反思和批判自身的教学观念,获得新的发展。另一方面,在课程与教学变革之前,学校课程作为预期的"产品"强调了教育的"共性"而忽视了具体学校的教育情境,标准化、法理化的教育内容不允许教师自主地解释与建构,只能机械地传递知识。而课程与教学变革从根本上改变了教师的角色,教师成了课程的主体,拥有了前所未有的课程开发权和教学自主权,他们可以从知识权威转向平等参与学生的研究,从知识传递者转为学生学习的促进者、组织者和引导者,从而有助于教师自主能动性的发挥。

另外,当课程改革是一次教师的教育观、教育方法、教学行为的转变,是一次"教育角色"的急剧转型时,原有的教师专业结构显然需要接受新课程

① 顾明远. 论学校文化建设[J]. 西南师范大学学报(人文社会科学版),2006(5).

的挑战。在传统的课程与教学模式下，教师的专业机构基本上可分为本体性知识、支持性知识和实践性知识。由于传统教育对学生成绩的重视，教师专业知识都是较为稳固的，但其将所拥有的知识以多种形式转化为课堂情景知识以及与之相关的知识的能力，即实践性知识时存在一定的欠缺。在长期相对固定的教学模式中教师已经形成了一套固定的教学内容、教学方式，将所拥有的知识转化为课堂教学内容的方式往往也比较单一，难以满足学生日益增长的、多元化的需求。在这种情况下，推行课程与教学变革有助于教师不断提高实践性知识在其专业结构中的比重，从而实现教师的专业发展。

（三）对学生发展的意义

新课程改革的重要方向就是实现课程的多样化，改变过去课程结构单一的局面。课程的多样化最重要的意义就在于促进学生的个性发展，以适应现代社会与科技的进步与发展。具体来看，课程与教学变革对学生发展的意义主要体现在以下两方面。

1. 为学生个性发展提供了重要的保障

新课程强调学生全面发展的基础就在于所有学生个性的充分发展，如此就必须尊重学生的选择，也就意味着新课程内容关注学生的经验，尽可能地为学生提供丰富多彩的选择机会，以满足不同学生的发展需要，适应社会对多样化人才的需求。新课程改革在保证每个学生达到共同基础的前提下，各学科分类别、分层次地设计了多样的、可供不同发展潜能的学生选择的课程内容，以满足学生对课程的不同需求。这种设计显然比以往任何时候的课程都具有灵活性，能为学生提供更加个性化的课程，从而真正促进学生的个性发展。

2. 为学生个性发展提供了广阔的空间

传统课程结构是所有的学生学习所有的课程，而且按同样的要求来学习。表面上是为了学生全面发展，但实际上是千万个学生按一个模子发展，造成了“千人一面”，缺少个性。显然，要使资质不同、性格各异的学生都实现其发展，就必须提供多样的、可选择的课程。课程的多样化是新课程结构的最大亮点，对学生创新能力的培养极为关注。学生是独特的人，每个学生都有自己独特的内心世界、精神生活和内在感受，开设更多的、可选择的选修课来实现课程的多样化，提高选修课程在整个课程结构中的比例，可以满足学生不同的发展需求，同时，也在整体上为学生的个性发展提供了广阔的空间。

第二节 课程与教学变革的比较

课程与教学，在不同的层面上有着不同的内涵。一般地讲，课程主要侧重于“教什么”的问题，而教学主要强调“怎么教”的问题。实际上，离开了内容，教无法开展；离开了怎么教，内容也难以存在。可见，课程与教学是一体两面的关系。同样，教学改革和课程改革也是如此，两者紧密相连。

一、教学改革与课程改革的区别

在实践中，教学改革和课程改革往往是紧密相连的，难以做出绝对的区分。甚至可以认为，任何对教学改革和课程改革作泾渭分明的划分的努力在实践中都难以自圆其说。这里仅仅是出于对两者深入理解的需要，尝试对教学改革与课程改革作一区别性考察。总体来说，教学改革侧重于教学方式、方法的改变，课程改革侧重于教学内容的变革。

（一）教学改革

上海师范大学教授蔡宝来提出了一种代表性的观点，即“教学改革的基本理论研究涵盖了为什么改革、应改革什么和怎样改革。”①在这一观点的影响下，长期以来我国关于教学改革的问题都集中在教学改革的背景、目标和内容及策略问题三个方面。从实践情况来看，自 20 世纪 70 年代我国出现教学改革研究热潮以来，我国的教学改革主要集中在“怎样改革”，即改革方式上。考察当前的教学改革实践，要实施素质教育，必须对课堂教学进行全面的改革。理念上不仅要从教师的角度关注教学改革，如要形成互动的师生关系，构建素质教育课堂目标体系，构建充满生命力的课堂教学目标体系，还要从学生的角度提出教学改革的目标，即转变学生的学习方式。② 这种理念或教学认识方式有利于学生全面发展和全面实现教学目标，符合教学活动的一般规律，这种以人为本的教育观为课堂教学改革注入了新的活力。近来有学者在研究 20 世纪 80 年代以来西方学校教学变革的

---

① 蔡宝来．教学改革基本理论研究：问题域、进展及走向[J]．教育研究，2008(12).

② 钟启泉，等．为了中华民族的复兴 为了每位学生的发展——《基础教育课程改革纲要（试行）》解读[M]．上海：华东师范大学出版社，2001：270.

基础上，提出了有效教学的新思路，包括回归“学徒制”、回归“综合实践活动”和回归“探究式教学”三大策略。[①] 这些都是为教学改革作出的有益探索。

(二)课程改革

课程改革是人们广泛讨论的话题，但对它的内涵却不能仅仅局限于教学内容的革新上。若想正确地理解它，需要思考为什么进行课程改革、课程改革的目标和内容有哪些、如何进行课程改革。

就为什么进行改革来说，课程改革的发展和推进是社会体制、社会规范和文化知识的发展以及科技的进步，教育、教学现实和学生的需求状态等共同作用的结果。虽然我国在基础教育领域进行不断地改革，但在教育现实中仍存在着教育观念滞后，实效性不强，课程内容陈旧，课程实施以教师、课堂、书本为中心，课程评价忽视学生的全面发展等一些难以忽视的问题。因此，新一轮的课程改革必不可免。

就课程改革的目标来说，考虑到现代社会发展、信息技术进步与学生的发展水平等因素，课程改革的目标是调整和改革基础教育的课程体系、结构、内容，构建符合素质教育要求的新的基础教育课程体系。

就课程改革的内容来说，新课程改革的主要内容包括：重建新的课程结构。制定新的课程标准、改善课程实施(教学)的过程、规范教材的开发和管理、建立发展性的课程评价体系、实行三级课程管理制度、进行教师的培养和培训、注重课程改革的组织和实施。[②]

就如何进行课程改革来说，课程改革的实施推进需要教学来支持。因此，教学改革是课程改革系统工程中必不可少的一环。而教学改革必然涉及两个方面：教学理念的改变与教学策略的革新。因此，课程改革的实施需要关注以下几个方面：第一，教学是一种“沟通”与“合作”的活动，在沟通的过程中，教学文本得以产生；第二，教师拥有有效教学的理念，掌握有效教学的策略和技术；第三，转变学生的学习方式，倡导主动参与、探究发现、交流合作的学习，促进学生在教师指导下主动地、富有个性地学习；第四，教师转变教学观念，实现自身的专业化发展。

---

① 高慎英．有效教学的新思路——20世纪80年代以来西方学校教学变革研究[M]．济南：山东教育出版社，2011：150．

② 崔允漷．新课程“新”在何处？——解读《基础教育课程改革纲要(试行)》[J]．教育发展研究，2001(9)．

二、教学改革与课程改革的联系

教学改革与课程改革之间存在区别,但也存在一定的联系。在现代教育改革中,教学改革与课程改革之间是紧密联系、一体两面的关系。

(一)课程改革的推进需要教学改革作为支撑

教学改革与课程改革只有保持一种动态的良性平衡,互为动力,共同扶持,才能推动教育事业的不断发展。就课程改革来说,它的目标实现需要教学改革的全力支持。一旦课程改革的浪潮被掀起,就需要教学改革来推动自己前进。因为大量适应于现行课程框架的教学方式和教学行为开始显得对新课程很不适应,成为新课程改革的制约因素。新课程想要顺利推进,没有相应的教学改革作为支撑是难以奏效的。从对新课程的解读中可以发现,新课程改革的要求极高、范围极广。新课程要求转变学生的学习方式,建构平等友好的师生关系,促进教师的教学转型等;在改革目标上包括课程功能、课程结构、课程内容、课程实施、课程评价和课程管理等方面。无论是就新课程提出的对教学的要求,还是就新课程改革的自身的目标范围而言,教学改革都发挥着课程改革突破口的作用。没有教学改革,课程改革的目标显然会落空。毫无疑问,“要实施新课程,必须有与之相配套的教学改革,而教学改革才是使新课程落到实处的保证。”①

此外,课程改革中也可能会发现许多问题,这些问题都需要通过教学改革予以解决。这一点从课程改革的调研实践可以得到证实。如在课程改革的过程中,教师常常会发现课程的组织方式会出现各种问题,这时就需要教师结合具体的教学内容、教学目标等,科学选择教学方式,开展教学活动,推动课程改革的实施。因此可以说,教学改革可以通过基于课堂的探究,展开对问题和现象的深刻分析,经过科学的逻辑加工和实验设计,探索出新的问题解决方案,使课程改革得以有序推进和不断深化。

(二)教学改革的成功需要课程改革的整体推进

我国中小学的教学改革从20世纪80年代开始就从单项、单科进行,经过几十年的推进,现在已经取得了一定的进展。但总体来说,我国的教学改革还缺乏总体规划,改革的成效并不显著,存在各种问题,如教学观念滞后,人才培养与社会发展需求存在一定的脱节,教学改革流于形式等。在这种

① 王鉴.实践教学论[M].兰州:甘肃教育出版社,2002:21.

情况下，人们逐渐意识到必须从整体上对教学改革加以考虑，才有可能促进教学状态的根本好转。所以，从20世纪90年代以来，整体性教学改革方案陆续提出。这时候已经开始触及教学实践问题的核心——“教什么”或“学什么”以及“教到什么程度”或“学到什么程度”的问题。但由于教师长期以来没有课程的权力和意识，不可能也不太愿意去改革课程，只能把教学改革限定在“怎么教”的范围内，整体性教学改革始终停留在口号上，无法进入实质性的实施阶段。

由于课程权力的缺乏和课程意识的淡薄，整体性教学改革在实施过程中又转向了教学方法的改革，教育管理部门在推行改革上，将重点放在了如何更好地开展教育教学上，这实际上已经偏离了教学改革的既定轨道。而几十年的教学改革给我们重要的启示：许多重大的教学问题，往往都牵涉到课程问题。教学改革若想取得成功，必须跟课程改革紧密联系起来，从课程教学的整体上进行系统考虑。教学改革的成功很大程度上依赖于课程改革的整体推进。[①] 那种在教学内部探索教学改革的行为很少有出路，很难取得成功。因为在刚性的课程管理框架内，教学不能满足其本身复杂性与情境性的要求，教学改革就失去了生存的时间和空间。

① 吴刚平．教学改革的课程论意义[J]．教育研究，2002(9)．

第十一章 课程与教学变革的历史与出路探究

自20世纪以来,世界各国都将课程与教学变革作为教育改革的核心和主旋律,我国也不例外。自1949年以来,随着新的教育教学思想、观念不断涌现,我国的课程与教学发生了深刻的变革,呈现出一些新的特点与趋势。本章将对我国课程与教学变革历史进行梳理,并进一步探讨我国课程与教学变革的出路。

第一节 课程与教学变革的历史与现状

自中华人民共和国成立后,国家越来越重视课程与教学变革,虽然取得了显著成就,获得了长足发展,但也面临不少的问题。

一、课程与教学变革的历史

自1949年以来,我国的课程与教学变革大致经过了以下几个阶段。

(一)1949—1952年的课程与教学变革

1949年,教育部召开第一次全国教育工作会议,提出了"以老解放区新教育经验为基础,吸收旧教育有用经验,借助苏联经验,建设新民主主义教育"的教育改革基本方针。这一方针为中华人民共和国教育改革指明了方向,首次基础教育课程改革拉开了序幕。1950年,教育部颁布了《小学课程暂行标准(草案)》和《中学暂行教学计划(草案)》,初步规范了中小学课程体系,奠定了我国课程设置的基本框架。1952年,教育部公布《小学暂行规程(草案)》和《中学暂行规程(草案)》,这是中华人民共和国成立后首次颁布的全面规范的中小学课程的政府文件,规定了学校的课程设置、教学计划、管理体制及培养目标等。这次课程改革实现了中华人民共和国由旧教育到新教育的平稳过渡。

(二)1953—1962年的课程与教学变革

从1953年起,伴随着大规模的经济建设和社会的迅速发展,课程与教学需要进行一定的变革才能与这一现实相适应。1953年，教育部颁布试行《中小学教学大纲(草案)》，全面学习苏联经验，小学算术、中学数学、物理、化学、生物五科的教学大纲基本参照苏联大纲的模式，重视教育与生产劳动相结合，重视科学教育，确立了全新的社会主义性质的课程体系。1953年11月26日和1954年4月8日，政务院先后颁布了《关于整顿和改进小学教育的指示》和《关于改进和发展中学教育的指示》，总结了中华人民共和国成立以来我国中小学教育中存在的问题，并为今后的教育改革指明了方向。此外，1953—1958年，我国先后颁布了五个教学计划。同时，这一时期的课程与教学变革一直处于不断调整之中，总体上变化不大。

1958年，中共中央、国务院颁布《关于教育工作的指示》，明确规定“在一切学校中，必须把生产劳动列为正式课程，每个学生必须依照规定参加一定时间的劳动”。

(三)1963—1977年的课程与教学变革

教育部在1963年颁布了《全日制中小学教学计划(草案)》，明确提出“应该贯彻执行教育为无产阶级的政治服务、教育与生产劳动相结合的方针”，采用毛主席提出的德、智、体全面发展的教育质量判断标准，对文化课、思想政治课、生产知识课、生产劳动和假期作了相应的调整，并按照各学科教学计划编写教学大纲和教科书。之后，我国在课程与教学领域注重精简课程和减轻学生课业负担，对教育质量的提高产生了一定冲击。

(四)1978—1984年的课程与教学变革

1978年1月，教育部颁发了《全国制十年制中小学教学计划(试行草案)》，要求在具备条件的全日制中小学试行十年制。该计划草案明确中小学的任务和学制，提出制订教学计划的基本原则，要求正确对待“主学”和“兼学”，规定了每周学校统一安排的活动总量、课程设置及有关说明等。配合该计划草案，教育部颁布了全国统一的教学大纲。1980年，根据新计划和大纲编制了全套教材，这套教材吸收了国际中小学课程改革的经验和教训，进行了教学内容的现代化改革，注重基础知识的选择，学校课程设置恢复正常。

1981年，教育部又颁布了《全日制五年制小学教学计划(修订草案)》以及《全日制六年重点中学教学计划(试行草案)》，并对全日制五年制中学教学计划试行草案提出了修订意见。1984年，教育部颁发的《关于全日制六年制小学教学计划的安排意见》调整了小学的课时制度。一节课由原来的45分钟改为40分钟，也可试行35分钟。要求在每节课中间必须安排5分钟的室内休息或活动。至此，基础教育课程制度和秩序恢复正常统一，适应社会主义现代化建设需要的课程体系初步建立。

（五）1985—1992 年的课程与教学变革

自改革开放以来，我国的课程与教学变革进入一个新的阶段。1986 年，国家颁布了《中华人民共和国义务教育法》，第一次提出了在全国有步骤地实施九年义务教育。在其影响下，我国基础教育课程建设进入了一个新的发展阶段，义务教育课程、教材建设成为教育领域的一个中心工作任务。同年，国家教委还颁布了《义务教育全日制小学、初级中学教学计划（初稿）》，将学制确定为五四制和六三制两种，并开始编写义务教育教材。1988 年，《九年义务教育教材编写规划方案》颁布，指出："根据我国地域辽阔，人口众多，经济文化发展不平衡的国情，九年制义务教育的教材，必须在统一基本要求，统一审定的前提下，逐步实现教材的多样化，以适应各类地区、各类学校的需要""把竞争机制引入教材建设，通过竞争促进教材事业的繁荣和教材质量的提高"。1988 年 9 月，国家教委颁发了《义务教育全日制小学、初级中学教学计划（试行草案）》和 24 个学科教学大纲的初审稿，在少数学校开展实验。

1992 年，国家教委正式颁发《九年义务教育全日制小学、初级中学课程计划（试行）》和 24 个学科教学大纲，自 1993 年秋季起在全国逐步试行。该课程计划努力体现时代要求，吸收新的教育科研成果，具有许多新特点：结合时代要求加强思想品德教育；首次提出了个性心理品质的教育目标；首次把科学态度和科学方法列入教学目标；课程的统一性和灵活性进一步结合；课程结构和学科比例更加科学合理；以分科课程为主，适当增设综合课；革新体例，增加新的构成部分。

（六）1993—1998 年的课程与教学变革

中共中央、国务院在 1993 年印发了《中共教育改革和发展纲要》，提出"基础教育是提高民族素质的奠基工程"，要求"进一步转变教育思想，改革教学内容和教学方法，克服学校教育不同程度存在的脱离经济建设和社会发展需要的现象，要按照现代科学技术文化发展的新成果和社会主义现代化建设的实际需要更新教学内容，调整课程结构"。1995 年又颁布了《关于加速科学技术进步的决定》，作出了实施"科教兴国"的重大战略决策。在这种背景下，我国基础教育课程又进行了一系列的改革。

国家教委基础教育司在 1996 年印发了《全日制普通高级中学课程计划（试验）》，并于 1997 年起试点实行，至 2000 年时颁布这一课程计划的修订稿。

总体来看，这一时期由于受到应试教育的影响，基础教育课程仍存在课程模式单一、课程内容陈旧等问题。但这一时期的课程改革改变了单一的学科课程体系，开始发展综合课程，增设选修课程和活动课程；改变了过分集中的管理制度，建立了中央、地方、学校三级管理的课程体制。基础教育阶段的课程体系基本建立起来了。

（七）1999 年至今的课程与教学变革

自 1999 年起，为了推动"科教兴国"战略的实施和加快教育改革的步伐，国务院批转了教育部的《面向 21 世纪教育振兴行动计划》，提出了实施"跨世纪素质教育工程"。同年 6 月，第三次全国教育工作会议发布了《中共中央国务院关于深化教育改革全面推进素质教育的决定》，要求"调整和改革课程体系、结构、内容，建立新的基础教育课程体系"。

2000 年，国务院印发了《关于基础教育改革与发展的决定》，进一步明确了"加快构建符合素质教育要求的基础教育课程体系"的任务。我国基础教育课程改革在世纪之交正式启动。同年，教育部颁布了《基础教育课程改革纲要（试行）》，并开始编写、审定义务教育阶段的各科实验教材。2003 年教育部颁布了《普通高中课程方案（实验）》和 15 个学科的课程标准实验稿，并开始在各地实施。从 2004 年开始，全国义务教育课程改革进入全面推广阶段。到了 2010 年，全国所有省、市和自治区的高中全部启用了新课程。

当前我国的课程与教学变革还在继续，这对于推动我国教育教学的进一步发展、提高国家的整体教育质量具有重要的作用。

二、课程与教学变革的现状

（一）课程与教学变革的成就

就当前而言，我国课程与教学变革已取得不少成就，具体表现在以下两个方面。

1. 初步建成了课程体系

教育部在 2001 年颁布了《基础教育课程改革纲要（试行）》，实施改变了以往的课程改革缺乏总体架构思考的尴尬局面，总体规划了整个基础教育阶段课程改革的方针和策略，初步形成了课程改革的理念体系，具体如下。

第一，初步勾勒了指导基础教育课程改革的目标体系，即要将学生放在学校主体的地位，照顾到学生日常生活的经验和体验。

第二，重建了新的课程结构体系，即整体设置九年一贯的义务教育课程，小学阶段以综合课程为主；初中阶段设置分科与综合相结合的课程；高中阶段以分科课程为主。同时，从小学至高中设置综合实践活动并作为必修课程，内容主要包括信息技术教育、研究性学习、社区服务与社会实践以及劳动与技术教育。

第三，积极改革教育系统，促进课程与教学变革的顺利进行。在课程改革现实需求的推动下，我国教师专业化标准的制定、教师教育课程体系改革、教育一体化建设等问题也逐步被提上了议事日程。此外，其他如课程评价制度、财政保障支持制度等也成为改革的重要内容。

2. 新课程获得了初步认可

"以人为本、科学发展"是21世纪进行课程改革的灵魂。在这一时期，各地启动课改的着力点首先是转变旧的课程观念，建构课程新理念。如今，在我国教育界的很多地方都讨论着耳熟能详的课改新名词，课程改革已成为实施素质教育的代名词，并成为评估学校、评估课堂、评估教师的基本标准。特别难能可贵的是，许多一线教师伴随课改实践进程开始了自我完善的艰难跋涉，开始重视学生能力的提高、思维方法的训练，并初步能够以学生全面发展为己任。

(二)课程与教学变革存在的问题

我国的课程与教学变革虽然取得了不少成就，但仍存在不少问题，制约了课程与教学变革的进一步开展。具体来说，我国现阶段的课程与教学变革面临的问题主要有以下几个。

1. 课程与教学变革忽略了教育现实

课程与教学变革是为适应社会进步、学生发展和学科进步的需要，根据教育外部环境和内部条件的变化，以改善和提高课程体系教育效能为根本旨趣的。因此，课程与教学变革应该以我国的教育现实为出发点。

我国是一个发展中国家，是一个人均教育资源相对偏低的人口大国。长期以来，我国一直存在着教育发展失衡的现象，主要表现在地区差异、城乡差异、阶层差别、教育类别差距四个方面。就教育非均衡发展的要素而言，具体表现为财政投入与教育经费水平的差别、教师水平的差别、入学机会与受教育机会的差别、教育质量的差别与个体发展不均衡等方面。只有充分考虑我国的教育现实才能最终实现改革的目标。只有那些完全进入我国教育现实并且对教育现实有更好地了解的改革者，才能更好地改革我国的课程与教学中存在的问题。

2. 教育公平问题制约了课程与教学变革的进一步开展

各个学校在开展课程与教学变革方面所存在的实际情况是不同的。课程与教学变革要在千万所学校里由千万个教师来实施，课程与教学变革必须充分考虑到学校进行改革的各种教育资源情况。就内部差异性来看，我们某些窗口学校的硬件设施条件已经超过了发达国家先进水平，而最贫困的学校还处在发展中国家的最落后水平。此外，在学校资源比较落后的学校，让教师们把已经开发好的课程内容教给学生们学习还存在一定的问题，让他们去开发校本课程更是十分困难。所有这些都说明，教育公平制约了课程与教学变革的顺利开展。因此，课程与教学变革理想必须从学校教育资源的实际情况出发，寻求与学校实际情况相符合的平衡点。

此外，我国不同区域经济发展和社会进步的速度不同，课程与教学变革在物质资源和人力资源等方面不得不面对地区间差异和区域内差异的现实。城乡二元体制未得到根本改观，重点学校与非重点学校之间的较大落差依然存在。这种等级化的学校制度与城乡二元结构一起形成双重的二元结构。加上课程变革与招生考试制度及方式的改革并未完全同步，所以，从总体上来说，我国基础教育在区域之间、学校之间的差异仍相当大。这也严重制约了我国课程与教学变革的顺利开展。

3. 课程与教学评价改革滞后于课程与教学变革

我国课程与教学评价改革是教育系统改革中薄弱却又极其重要的环节，当前课程与教学评价滞后于课程与教学变革的矛盾越发突出。在这一现实下，现有的课程与教学评价体系不能支持正在进行的课程与教学变革。

4. 教师素质制约了课程与教学变革的进一步开展

课程与教学变革要求教师转变课堂角色，从单纯注重知识传授转为关注学生的学习方式、学习愿望和学习能力的培养，这就要求教师具有较强的教学能力。例如，在课程改革过程中，我们都激烈谴责“满堂灌”的教学方法，认为教师“满堂灌”时学生处于被动状态。而在很多地区的一些学校教师连“满堂灌”还不太能做到，这都与教师水平有关。教师水平不高的时候，想“满堂灌”还不行，没有多少内容，也讲不出来；到了教师水平有所提高但还不是很高的时候，想不“满堂灌”又不行了。谁都知道“满堂灌”的状况必须改变，但它之所以老是改不了，并非只是教育观念问题，而是教师水平问题，要想不“满堂灌”，教师必须有很高的水平。

第二节 课程与教学变革的方法与出路

我国课程与教学变革要想健康发展，必须在分析和反思课程与教学变革有利条件、存在问题的基础上，进一步探索课程与教学变革的方法与出路。

一、要积极完善课程与教学理论

课程与教学变革的正确程度，深受课程与教学理论水平的影响。一般来说，指导课程与教学变革的理论越科学，课程与教学变革就越具有生命力。由于社会发展变化更加迅速，未来学校面临的问题更多、更复杂，学校课程与教学变革的难度也将越来越大。在这种情况下，课程与教学变革就需要理论的指导和支持，这样才能真正改变现有的教育实践，引发课程与教学的变化。

近年来，我国课程与教学理论的研究工作取得了一定的进展，但与其他的教育科学领域相比，课程与教学理论仍属薄弱环节，远远跟不上形势的需要。因此，从面向未来的角度来看，加强课程与教学的理论建设，对于保证未来基础教育改革在科学轨道上顺利进行具有重要意义。

二、要让学校成为课程与教学变革的主体

只有充分调动学校的主体地位，才能确保课程与教学变革在学校中得到顺利实施。如果将学校视为被动的、封闭的、孤立的执行机构来对待，则严重阻碍了学校的发展，消磨学校的能动性和创造性，导致学校日益地僵化和封闭，使学校成为变革的外来目的的附庸和工具。这是因为任何改革学校教育的尝试都必须由每所学校具体结合自身情况来实现，机械地按照教育政策或外部方案改进学校，常常无法达到预期的改进目标。如果学校缺乏改革的主体地位，三级课程在学校中界限清晰，那么，这种课程形态是简单的存在，是课程的累加叠积，必然造成学校课程的超载。

此外，学校缺乏课程改革的主体地位，无法真正理解三级课程在学校中的地位及价值，使学校陷入“应为”与“难为”的困境中。学校只是政府的一个附属单位，严格执行上级的课程政策，管理教师和学生的具体课程行为。由于学校只是课程的执行者，简单停留在对外来课程进行经验管理的水平

上，结果造成学校面对三级课程时要么顾此失彼，要么机械执行。如此一来，学校在实施课程与教学变革时，仅仅会对预设课程进行日常程序性操作。要避免上述情况，必须高度重视学校在课程与教学变革中的主体地位。

三、要将民主作为课程与教学变革的内在动力机制

全面贯彻党的教育方针，调整和变革基础教育的课程体系、结构、内容，构建符合素质教育要求的新的基础教育体系，是课程与教学变革的根本任务。动力是将变革愿望付诸行动、变为现实的关键，因此，完成变革任务需要有强大的动力机制。对于参与改革的教育行政机构、学校和教师而言，这种动力机制包括外在动力和内在动力，而且外在动力最终需转化为内在动力，以便成为持久发生作用的力量。

对于课程与教学变革来说，其内在动力机制便是民主。为此，必须要给课程与教学变革的参与者一定的话语权。课程与教学变革中的话语权是课程改革的不同主体充分自由、平等地参与变革决策的路径，而课程变革的不同主体是否都能享有充分的话语权是衡量课程变革内在动力机制的重要指标。在课程与教学变革实践中，人们会从不同的视角和立场来考虑课程改革的“方向”“路径”和“策略”等方面问题，这样存在分歧是不可避免的，多种观点存在具有长期性、进步性和必要性，是课程改革逐步实现合理化的必然需要。只有保障课程变革参与者的话语权，才能提供机会让多种学说、多样观念并存、发展并且相互竞争。在话语权表达过程中，有可能出现“都有道理”“谁也不能说服谁”的困境，但随着课程变革的逐步深入，各种话语相互对话、相互理解，最终可以达成共识。如果课程改革单一采取“自上而下”的改革模式，课程变革的话语权主要掌握在教育行政官员以及直接参与课程改革的专家手里，那么，没有直接参与课程变革的专家以及具体学校的教师就缺少参与课程改革的话语权。

四、要将课程与教学变革放在学校整体变革中进行

课程与教学变革从实质上来说，就是一个要改变的当前课程现状不断向理想状态前进的过程。在这一过程中，既孕育着变革的动因，也包括阻碍变革的因素；既会出现促进变革的机遇和力量，也会产生大量问题，出现变革中常见的“钟摆现象”。此外，课程与教学变革涉及学校教育价值取向、课程功能、课程内容、课程评价以及教育制度、教育资源、社会认可度等方方面面，这就需要将课程与教学变革作为学校整体变革的一部分，并在学校整体

变革的基础上推动课程与教学变革的实践。

此外,成功的课程与教学变革需要变革参与者获得新的信念和认识、新的课程技能和新的课程行为,而实现这些需要对学校现行的课程与教学进行结构性调整。只有将课程与教学的结构调整放在整个学校变革中进行,才能确保课程与教学结构性调整的科学性与合理性。

五、要积极构建课程与教学变革的实践共同体

课程与教学变革的成功必须依赖于一定的组织机构和人员,没有较高素质的变革实践共同体,要有效地实施课程变革,实现课程与教学变革目标是不可能的。通常而言,课程与教学变革实践共同体需要包括以下几个方面。

(一)教育行政人员

教育行政人员在我国既是教育管理者,也是教育者,他们对课程与教学变革有着重大影响,甚至起决定作用。作为课程与教学变革实践共同体成员的教育行政人员,既需要做课程变革的支持指导者和系统协调者,又要抓好课程变革政策执行的调控,以确保课程与教学变革能够顺利进行。

(二)专家学者

课程与教学变革要想获得成功,必须要以坚实的理论为指导,并要对国内外不同历史时期教育改革的成功经验与失败教训进行总结与借鉴。这就需要专家学者参与到课程与教学变革之中,做好以下几方面的工作。

第一,专家学者要对国外先进的教育思想进行中国化以及对我国优秀的教育思想进行时代化,为课程与教学变革愿景提供新的理念、方法、路径、模式,为课程与教学变革出现的问题提供科学的解决方案。

第二,专家学者要对具体实践课程与教学变革的一线教师提供指导、培训及给予建议,以引导变革走向正确征途。

第三,专家学者在履行自己在课程与教学变革中的义务和职责时,要保持冷静的头脑,注意一切从实际出发,不要过于理想化。

(三)学校

在复杂性日益增强的社会中,学校要生存和发展,就必须成为自主发展的主体,主动适应环境的变化,自主进行理性的规划,寻求和创造适合自己

发展的空间和途径。没有学校的自主发展，就无法培养出能够在未来世界中更好生存的自主发展的新人。

学校作为课程与教学实践共同体成员，应根据国家教育方针以及学校自身的办学理念、目标定位、办学优势及可利用的资源，从增强课程对学校的适应性和资源整合出发，对国家、地方和校本等不同层次、不同类别的课程进行统筹设计、安排与协调，使不同层次类别的课程形成一个有机的整体。此外，学校的差异性和多样性使学校具备了变化和创造的能力。每所学校都具有自身的特殊性、独立性和能动性，为了更好地生存和发展，学校必须保持自己的个性。只有尊重学校的多样性、差异性，充分发挥课程与教学变革的主体地位，学校才能获得进步和发展。

六、要积极借鉴国外课程与教学变革的成功经验

在当前这个开放的时代，我国的课程与教学变革不可能完全基于本土文化而展开。在经济全球化背景下开展课程与教学变革既要立足本土，又要放眼世界。一方面，要立足于本国的国情和实际；另一方面，要重视“国际化的参照”，吸收他国的成功经验。只有从本国实际出发，吸收他国课程与教学变革的有益经验，才能建立起有中国特色的基础教育课程体系。如果不汲取别人的经验，缺乏国际视野，课程与教学变革的理论和行动就不可能有什么高度。课程与教学变革要本着尊重多元性、相互了解和平等价值观的精神，培养胸襟开阔、能够站在经济全球化视野的高度思考问题并能创造性解决问题的公民，教会学生不仅认同本国文化，而且尊重、承认和欣赏别国文化，从而增强学生的跨文化交流和合作意识。

七、要渐进地推动课程与教学变革

课程与教学的变革是一个长期的历史过程，任何“毕其功于一役”的理想都是对这一历史使命的简单化和幻想式预期，自然也不会真正达到教育变革的目的。基础教育的课程与教学变革需要打持久战，必须有一个系统的计划，循序渐进地变革。变革的每一步都需要谨慎而行、脚踏实地，避免操之过急，让社会逐渐接受和理解课程与教学变革的必要性和重要性，正确处理好课程与教学变革的力度与社会可承受度二者的关系。课程与教学变革不是一项短期的、局部的、自上而下的、可轻而易举完成的任务，而是一项需要长期性、全局性、全员性的探索过程。

第三节　课程与教学论的本土化变革

在课程与教学论的变革中，积极推动课程与教学论的本土化变革是十分重要的一个方面。本节将对课程与教学论本土化变革的相关内容进行详细阐述。

一、课程与教学论本土化变革的含义

所谓课程与教学论本土化变革，就是中国教育家在进行课程与教学论变革时，必须立足中国这块土地，原创土生土长的、与中国悠久的课程教学实践特点与规律等相适应的课程与教学思想理论体系。①

课程与教学论本土化变革从内容上来说，涉及两方面的内容：一是将近代以来在“西学东渐”背景下由西方国家输入的课程与教学论思想理论体系转化为中国的；二是进一步整合、完善中国传统的课程与教学论在外来课程与教学论思想的影响下的发展，并促使两者之间有机融合而生成中国新的课程与教学论思想。

二、课程与教学论本土化变革的原因

对于我国来说，积极推动课程与教学论本体化变革是多方面原因共同作用的结果。具体来说，课程与教学论本土化变革的原因主要有以下几个。

（一）课程与教学变革的需要

对21世纪课程与教学变革的实践进行分析可以看出，其顺利开展需要有科学的理论为指导。当前课程与教学变革的理论来源主要是建构主义、人本主义、多元智能、实用主义、后现代主义等。这些理论都是从国外引进的，与我国课程与教学变革的实际存在很多不相符的现象，因而，在运用过程中出现了“水土不服”“消化不良”的现象。② 因此，要推动我国课程与教学变革的进一步深化发展并取得良好成效，迫切需要符合我国文化传统和

① 张传燧．本土课程教学论建构：基础与条件[J]．湖南师范大学教育科学学报，2016(4)．

② 张传燧，石雷．论课程与教学论的本土化[J]．教育研究，2012(3)．

基础教育实际的、能够指导课程与教学实践的理论，即本土化的课程与教学理论。

（二）课程与教学论学科建设的需要

我国现代的课程与教学论，是以国外很多国家的课程与教学论思想为基础构建起来的，但在构建过程中对国外的理论和观点进行了生搬硬套，缺乏本土特色。这使得我国所建构的课程与教学论并不适合我国教育的现实发展，也影响了我国课程与教学论学科的进一步发展。因此，进行课程与教学论的本体化变革，构建我国本土的课程与教学论，是课程与教学论学科自身发展的内在需要。

（三）应对国际化课程与教学论思想挑战的需要

自1840年鸦片战争以来，我国教育思想一直面临着如何面对外来思想的冲击和如何走向国际融入国际教育思想发展一体化进程中的问题。让我国的教育思想走向国际，并不意味着我国教育界要全盘接受西方的教育思想，而是要在对西方教育进行吸收与借鉴的同时，积极构建属于自己的课程与教学论思想。只有这样，面对国际化的现实挑战，我们的教育思想才能真正强大起来，并对世界其他国家的教育发展产生深远影响。

三、课程与教学论本土化变革的条件

积极推动课程与教学论的本体化变革，需要有一定的条件作支持。具体而言，影响课程与教学论本体化变革的条件有以下几个。

（一）社会条件

自改革开放以来，国家变得日益繁荣富强，在国际上的地位和影响力也不断增强。当前我国社会正发生着重大变局，即从传统走向现代，从贫穷走向富裕，从封闭走向开放，从衰微走向复兴，呈现出“新常态”的伟大转型，中华民族正以前所未有的步伐走向世界，走向现代，走向未来。

在这一社会发展现状下，我国越来越重视教育，积极对传统的教育教学体系进行改革与创新，以便培养出更多符合时代发展要求的人才，促进我国社会主义现代化的进一步发展。而要实现这一点，必须要关注课程与教学论的变革，积极推动课程与教学论的本土化。

（二）经济条件

我国自改革开放以来，经济迅速发展并呈现出经济结构优化、发展动力转换、发展方式转变加快的良好态势。与此同时，我国经济的发展模式变得更加开放，并尝试与世界进行更加深度的融合，以实现经济的共赢局面。

由于教育必须面向经济，并要为社会经济发展新常态服务。当前经济发展新常态要求教育理论特别是课程与教学理论更为重视人才的培养，即培养什么样的人才、用什么来培养人才、怎样培养人才等。也就是说，经济的发展向教育提出了与之相适应的各级各类人才的客观要求，也为本土课程教学论的建构提出了现实要求和社会条件。

（三）文化条件

我国拥有五千多年的发展历史，并在发展过程中形成了辉煌灿烂的文化。随着改革开放的实施，我国文化开始进行重构，并积极实现着文化的复兴与转型，这就要求我们要进一步坚定文化自信，增强文化自觉，加快文化改革发展，加强社会主义精神文明建设，建设社会主义文化强国。

教程与教学的改革需要文化的推动，而我国改革开放以来的课程教学改革就是在这样一种文化变动大背景的影响和推动下进行的。从这一角度来说，文化的复兴与繁荣为我国课程与教学论的本土化变革提供了文化条件和土壤。

（四）理论条件

自改革开放以来，大量的国外教育教学理论涌入我国，为我国教育教学理论的发展增添了活力。与此同时，随着我国教育教学实践的不断深入，也形成了许多具有鲜明中国特色的教育教学理论。所有的这些教育教学理论，都为我国进行课程与教学论的本体化变革提供了重要的理论支持。

四、课程与教学论本土化变革的策略

要推动课程与教学论的本土化变革，需要借助于一定的策略，其中可以尝试的有以下几个。

（一）对中国传统课程与教学论思想进行继承与发展

在进行课程与教学论的本土化变革时，对于我国传统的课程与教学论思想，要根据课程与教学发展的实际，对在当代仍然具有实践指导和理论借鉴的思想择适而用。在运用过程中，还要注意根据实际，对中国传统的课程与教学论思想的弊端与不足进行改革，使其真正转化为现代课程与教学论的有机组成部分，并要呈现出鲜明的本土民族特色。如此一来，便有可能建立一个具有中国特色和文化内涵并适用于我国的，具有现代化的本土现代课程与教学论。

（二）对国外课程与教学论思想进行借鉴与创造性运用

西方国家所产生的课程与教学论思想有很多是十分先进的，且有强大的生命力。这要求我们在进行课程与教学论的本土化变革时，必须要借鉴、吸收国外课程与教学论思想的合理成分，使其为我国的课程与教学论发展提供重要的支持。

由于每一种课程与教学论思想都是各国在对自身的国情、社会、文化、教育教学现状等进行综合考量的基础上产生的。因此，在对国外课程与教学论思想的合理成分进行借鉴时，要注意其在我国的本土适应性。若存在适应不良的情况，就需要根据我国的实际对其进行创造性转化，使其真正变成我国本土的教育教学理论。

（三）要通过课程与教学实践来推动课程与教学的本土化变革

理论的生成与发展离不开实践的土壤，而且理论在形成后还需要通过实践来证明正确与否。课程与教学实践相当于是课程与教学理论发展的地基，地基稳固，理论才能得到发展。因此，在进行课程与教学论的本土化变革时，要积极开展课程与教学实践活动。

自改革开放以来，我国开展了许多课程与教学改革实践探索，体现出鲜明的本土特色，为中国本土化课程与教学论建设奠定了坚实的实践基础。这些课程与教学改革实践不仅为当代中国课程与教学理论的发展和建设提供了丰富的素材和思想观点，也提供了实验某种课程与教学理论假设的基地和检验某种课程与教学思想是否正确的园地。同时，这些课程与教学改革实践，特别是基础教育新课程改革实验对本土课程与教学理论指导的渴望和诉求，则是推进本土化课程与教学论建设的强大动力，将对中国课程与教学论的发展产生重要而深远的影响。

参考文献

[1]徐继存,周海银,吉标.课程与教学论[M].济南:山东人民出版社,2010.

[2]黄甫全.现代课程与教学论学程[M].北京:人民教育出版社,2006.

[3]闫守轩.课程与教学论:基础、原理与变革[M].北京:北京师范大学出版社,2015.

[4]高慎英.有效教学的新思路——20世纪80年代以来西方学校教学变革研究[M].济南:山东教育出版社,2011.

[5]钟启泉,等.为了中华民族的复兴 为了每位学生的发展——《基础教育课程改革纲要(试行)》解读[M].上海:华东师范大学出版社,2001.

[6]王鉴.实践教学论[M].兰州:甘肃教育出版社,2002.

[7]黄甫全,王本陆.现代教学论学程[M].北京:教育科学出版社,2003.

[8]赵祥麟,王承绪.杜威教育论著选[M].上海:华东师范大学出版社,1981.

[9]黄甫全.课程与教学论[M].北京:高等教育出版社,2002.

[10]张华.课程与教学论[M].上海:上海教育出版社,2000.

[11]张传燧.课程与教学问题研究[M].郑州:大象出版社,2010.

[12]余文森,等.课程与教学论[M].福州:福建教育出版社,2007.

[13]钟启泉.现代课程论[M].上海:上海教育出版社,1989.

[14]潘洪建,刘华,蔡澄.课程与教学论基础[M].镇江:江苏大学出版社,2011.

[15]王嘉毅.课程与教学设计[M].北京:高等教育出版社,2007.

[16]陈元芳.高职教育工学结合模式专业及课程研究[M].武汉:华中理工大学出版社,2013.

[17]钟启泉.课程论[M].北京:教育科学出版社,2007.

[18]廖哲勋,田慧生.课程新论[M].北京:教育科学出版社,1993.

[19]陈月茹.课堂教学组织与管理[M].济南:山东人民出版社,2010.

[20]李劲松.有效的课堂管理[M].长春:东北师范大学出版社,2006.

[21]靖国平,邓银城.课程与教学论教程[M].武汉:华中科技大学出版社,2012.

[22]窦瑾,等.唤醒与转化:学校教育的理论和实践[M].长春:东北师

范大学出版社,2014.

[23]李孟辉.高校课程研究[M].上海:上海交通大学出版社,2012.

[24]钟启泉,杨明全.主要发达国家基础教育课程改革的动向及启示[J].全球教育展望,2001(4).

[25]顾明远.论学校文化建设[J].西南师范大学学报(人文社会科学版),2006(5).

[26]蔡宝来.教学改革基本理论研究:问题域、进展及走向[J].教育研究,2008(12).

[27]吴刚平.教学改革的课程论意义[J].教育研究,2002(9).

[28]崔允漷.新课程"新"在何处?——解读《基础教育课程改革纲要(试行)》[J].教育发展研究,2001(9).

[29]范蔚.实施综合实践活动对课程资源的开发利用[J].教育科学研究,2002(3).

[30]陈宁,黄翔.课程与教学论学科发展的机遇与挑战[J].重庆师范大学学报(自然科学版),2008(4).

[31]尹玮.浅析课程与教学论实现本土化的策略[J].现代交际,2017(17).

[32]张传燧,石雷.论课程与教学论的本土化[J].教育研究,2012(3).

[33]张传燧.本土课程教学论建构:基础与条件[J].湖南师范大学教育科学学报,2016(4).

[34]李锦贤."在教学交往活动中渗透'爱'的教育"的调查分析与思考[J].教育导刊,2004(9).